Petra Sparrer

CITY|TRIP
LISSABON

Nicht verpassen! Karte S. 3

1 **Praça do Comércio [W22]**
Lissabons weitläufiger Prunkplatz am Tejo ist das alte und neue Herz der Hauptstadt (s. S. 16).

12 **Kathedrale Sé [X21]**
Die Kathedrale des Bischofssitzes besticht durch ihre Schlichtheit. Sie besitzt ein romanisches Kirchenschiff und einen gotischen Chorumgang (s. S. 24).

13 **Castelo de São Jorge [X20]**
Lissabons Burg hoch über der Alfama bietet einen erstklassigen Panoramablick über die Stadt bis hin zum Tejo, u. a. zu sehen durch ein Periskop (s. S. 25).

22 **Igreja und Museu de São Roque [U20]**
Sakrale Kunst aus der Renaissance spiegelt in Kirche und Museum den Wohlstand des Goldenen Zeitalters der Seefahrt wider (s. S. 33).

23 **Convento dos Cardaes [T20]**
Wer dieses Kloster besucht, taucht tief in die portugiesische Kultur ein (s. S. 33).

30 **Museu Calouste Gulbenkian [S13]**
Die Sammlung des Ölmilliardärs ist ein Highlight für Kunstliebhaber. Zur Stiftung gehören ein gepflegter Park und ein Museum für moderne Kunst (s. S. 38).

34 **Museu Nacional de Arte Antiga [Q23]**
Lissabons Tempel für alte Kunst hat auch einen tollen Skulpturengarten zu bieten (s. S. 42).

36 **Mosteiro dos Jerónimos [G25]**
Der Kreuzgang des Hieronymus-Klosters ist ein Paradebeispiel der einzigartigen manuelinischen Architektur (s. S. 44).

38 **Torre de Belém [D26]**
Der einstige Leuchtturm mit Audienzsälen und Gefängnis ist eines der unter Manuel I. entstandenen Wahrzeichen Lissabons (s. S. 47).

40 **Parque das Nações [f4]**
Das moderne Viertel am Tejo mit Kasino, Messe, Aquarium und der Seilbahn entstand zur Weltausstellung im Jahr 1998 und lohnt einen Ausflug (s. S. 49).

Leichte Orientierung mit dem cleveren Nummernsystem

Die Sehenswürdigkeiten sind im Text und im Kartenmaterial mit derselben **magentafarbenen ovalen Nummer** 1 markiert. Alle anderen Lokalitäten wie Geschäfte, Restaurants usw. tragen ein **Symbol und eine fortlaufende rote Nummer** (1). Die Liste aller Orte befindet sich auf S. 140, die Zeichenerklärung auf S. 144.

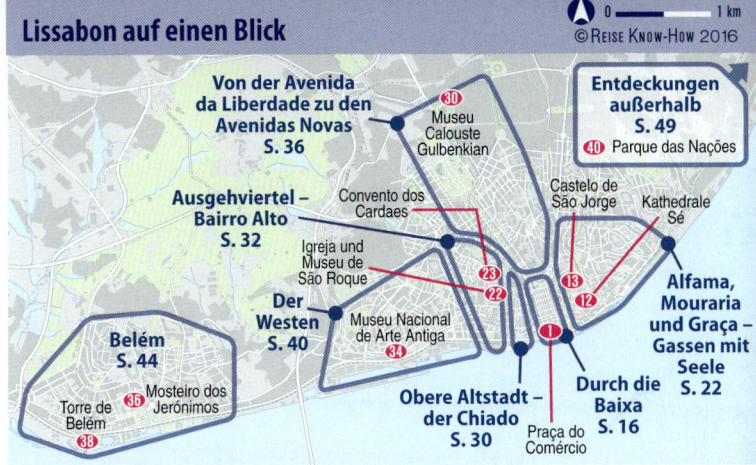

Lissabon auf einen Blick

0 ——— 1 km
© REISE KNOW-HOW 2016

Von der Avenida da Liberdade zu den Avenidas Novas S. 36

Museu Calouste Gulbenkian ⑳

Entdeckungen außerhalb S. 49

⑳ Parque das Nações

Ausgehviertel – Bairro Alto S. 32

Convento dos Cardaes

Castelo de São Jorge

Kathedrale Sé

Igreja und Museu de São Roque ㉓ ㉒

⑬ ⑫

Der Westen S. 40

Museu Nacional de Arte Antiga ㉞

Alfama, Mouraria und Graça – Gassen mit Seele S. 22

Belém S. 44

Torre de Belém ㊱ Mosteiro dos Jerónimos ⑧

❶

Durch die Baixa S. 16

Obere Altstadt – der Chiado S. 30

Praça do Comércio

Inhalt

◁ *Wind und Wellen: Segelschiff vor der Hängebrücke Ponte 25 de Abril (Foto: 001lb Abb.: ps)*

Zeichenerklärung

★★★ nicht verpassen
★★ besonders sehenswert
★ wichtig für speziell
interessierte Besucher

[A1] Planquadrat im Kartenmaterial. Orte ohne diese Angabe liegen
außerhalb unserer Karten. Ihre Lage
kann aber wie von allen Ortsmarken
mithilfe der begleitenden Web-App
angezeigt werden (s. S. 139).

Vorwahlen

❯ für Portugal: 00351
❯ für Lissabon: ist Teil der jeweils
im Buch angegebenen Nummer

Lissabon wird immer schöner: Vom Triumphbogen (s. S. 17) reicht der Blick weit über die Dächer und die Praça do Comércio (s. S. 16). Von dort kann man gut an der Uferpromenade bis zum Cais do Sodré flanieren. Eine lange Treppe am Fluss lädt zum Sonnen und Füßekühlen ein.

Mouraria: Wiege des Fado

Empfehlenswert ist ein Spaziergang durch die Mouraria, berühmten Fadosängern und Originalen des volkstümlichen Viertels auf der Spur (s. S. 22). An Hausfassaden zwischen kleinen Läden und Bars hängen Schwarz-Weiß-Porträts der Künstler. Am Largo da Severa betreibt das Fado-Museum im früheren Wohnhaus einer Fado-Legende eine Fado-Bar (s. S. 57).

Märkte als Hipster-Treff

Jeder Feinkost- und Weinhändler, der in Lissabon etwas auf sich hält, hat einen Stand im Mercado da Ribeira (s. S. 86). In einem Teil der historischen Markthallen trifft sich bis in den späten Abend ein lebenslustiges, genussorientiertes Publikum, um kreative portugiesische Küche und lokale Produkte zu probieren. Auch der Mercado de Campo de Ourique (s. S. 86) ist ein Gourmet-Treff.

Nachtleben

Im früheren Rotlichtviertel finden Nachtschwärmer heute nette Bars und Terrassen. Ein Highlight ist das Pensão Amor, ein ehemaliges Bordell (s. S. 78). In Ruhe Wein trinken und etwas essen kann man im Santa Bica (s. S. 70) und eine tolle Aussicht bietet die Dachbar Park im Bairro Alto (s. S. 68).

096lb Abb.: jg

LISSABON ENTDECKEN

Lissabon für Citybummler

Es macht Spaß, sich in den Gassen der Tejo-Metropole mit ihren verwinkelten Treppen zu verlieren. Heillos verlaufen kann man sich nicht, denn irgendwo unten fließt als Orientierungshilfe immer der Fluss. Von der Mündung in den Atlantik im Westen über Belém bis zum Parque das Nações im Osten erstreckt sich die Stadt über ca. 25 km. Fünf Straßenbahnlinien, Busse, Standaufzüge und die Metro machen das Cityhopping – zumindest tagsüber – leicht. Das Metroticket gilt auch für die Fähren ans andere Tejo-Ufer und den Zug zu den Stränden von Estoril und Cascais (s. S. 52). Radfahren kann man am Tejo und im großen Stadtpark Monsanto am Stadtrand. Flaneure kommen ebenso auf ihre Kosten, allerdings nur mit bequemen Schuhen.

Das **dekorative Mosaikpflaster** Lissabons ist tückisch. Häufig fehlt das eine oder andere Steinchen – und das ist nicht nur auf High Heels eine Stolperfalle. Selbst mit guten Sohlen sind die weißen, von vielen Schritten glatt polierten Kalksteine rutschig. **Bergauf und bergab** kann es ratsam sein, auf dem trittfesteren Granit der Fahrbahn zu gehen, statt auf den Bürgersteigen. Wer mit Pumps in die Bars des Bairro Alto oder die Fado-Häuser der Alfama will, braucht Übung und ein wenig Leidensfähigkeit. Lissabon will erobert werden und verlangt modebewussten Frauen dabei besonders viel ab – so jedenfalls sieht es die Künstlerin Joana Vasconcelos. Mit Erfolg: Ihre Konstruktion eines überdimensionierten

Schuhs mit spitzen, hohen Absätzen aus Stahlkochtöpfen wurde auf einer Londoner Auktion für 500.000 Pfund versteigert. Wer ihre 7 m hohe **Skulptur „Néctar"** aus Eisen und Glasflaschen vor dem Eingang des **Museu Berardo** (s. S. 56) in Belém sehen möchte, kann vom Cais do Sodré aus am Tejo entlang bequem **mit dem Fahrrad** dort hinfahren oder die Tram nehmen.

Außer im **weitläufigen Belém** und im **Parque das Nações** 40 im Osten ist Lissabon aber zum Radfahren eher ungeeignet. Und das nicht nur wegen der weit mehr als sieben Hügel. Radwege gibt es nicht. Wenn eine Tram vorbeifährt, haben selbst Fußgänger kaum noch Platz. Oft wurden die Bürgersteige verkleinert, um die Fahrbahn zu verbreitern. Wer nicht laufen möchte, hat neben der **legendären Tram 28** und den öffentlichen Verkehrsmitteln noch mehr Alternativen: eine Fahrt mit der Pferdekutsche durch Belém, eine Hop-on-Hop-off-Tour mit einem offenen Doppeldeckerbus oder eine Gokart-Fahrt mit GPS und Audioguide. Im Bairro Alto und in der Alfama warten Tuk-Tuks mit Elektroantrieb oder man düst bei einer Segway-Führung die steilen Gassen hoch (s. Stadttouren S. 120). Die rasanten Segways nutzt auch die Lissabonner Polizei.

Zum **Flanieren** auf weitgehend steigungsfreien Straßen ist die **Unterstadt (Baixa)** ideal. Hier erstrecken sich die **repräsentativen Plätze** Praça do Comércio 1, da Figueira 8, Rossio 6, dos Restauradores 7 und die elegante Avenida da Liberdade 26. Von der Fußgängerzone Rua Augusta 3 aus kann man die **schachbrettartigen Straßen** durchstreifen, in der

◁ *Vorseite: Buntes Treiben auf der Praça do Comércio* 1

Rua dos Douradores auf den Spuren Fernando Pessoas wandeln und mit dem Aufzug Santa Justa ❺ bequem in den Chiado hochfahren. **Verwinkelte, steigungsreiche Stadtviertel** wie die **Mouraria** oder die **Alfama** verlangen dem Fußgänger einiges an Energie ab.

Zu Fuß lässt sich sogar das Lissabonner Wasserversorgungssystem (s. S. 34) verstehen. Man kann oben auf dem **Aquädukt** wandern und die Aussicht genießen, die Aussichtsplattform des Wasserreservoirs Mãe d'Água am Endpunkt des Aquädukts im Stadtteil Amoreiras besuchen oder sich vom Jardim do Príncipe Real aus durch einen unterirdischen Kanal in das Reservatório da Patriarcal ㉔ führen lassen.

◿ *Blick über die Rua Augusta, die Lebensader der Baixa, vom Triumphbogen ❷ aus*

Lissabon an einem Wochenende

Das einzigartige Ambiente der Tejo-Metropole erschließt sich schnell, auch bei einem Kurzbesuch: etwa bei einer **Fahrt mit der alten Straßenbahnlinie 12** um den Burgberg oder mit der **legendären Tram 28.**

Wer freitags ankommt, bummelt am besten zuerst durch die **Fußgängerzone Rua Augusta** ❸ zum Platz **Praça do Comércio** ❶. Die Stadt an der westlichsten Spitze Europas öffnet sich hier zum Wasser, zeigt dem Hinterland den Rücken und träumt von fernen Kontinenten. Auch König Dom José I. blickt von seinem Pferd in der Platzmitte Richtung Fluss. Auf den Treppen zu seinen Füßen oder am **Cais das Colunas** (Säulenkai) [W22] sitzen bei warmem Wetter immer Leute und genießen die Aussicht.

Lange Treppen am Fluss und grüne Wiesen entlang der Uferpromenade an der Av. Ribeira das Naus [U–W22] bis zum Cais do Sodré [U22] laden zum Sonnen am Fluss ein.

Abends füllen sich die Gassen des dörflichen **Bairro Alto** mit Nachtschwärmern. Zwischen Rua da Rosa und Rua do Norte kann man sich durch die Menschenmenge von Bar zu Bar treiben lassen.

Erster Tag

Morgens

Mit der Tram oder zu Fuß geht es in Lissabons ältestes Stadtviertel unterhalb der Burg, die **Alfama.** Von den zinnenbewehrten Mauern der Festung **Castelo de São Jorge** ⓭ ist der Ausblick über die Stadt herrlich. Für das weitläufige Gelände braucht man ca. 2 bis 3 Stunden Zeit. Lissabons **Kathedrale Sé** ⓬ kann man auf dem Weg zum romantischen Aussichtspunkt **Miradouro de Santa Luzia** ⓮ besuchen. Von hier aus lohnen Streifzüge durch die engen Gassen der Al-

fama. Im Sommer werden Sardinen gegrillt, schon mittags erklingen Fado-Gitarren, Kinder spielen Ball und man bekommt schnell das Gefühl, in einem Bergdorf zu sein, in dem ein wenig die Zeit stehen geblieben ist.

Mittags

Samstags darf man sich den Besuch auf Lissabons **Flohmarkt Feira da Ladra** (s. S. 85) nicht entgehen lassen. Günstige Gerichte gibt es in den Bars an der **Markthalle** (Mercado da Ribeira, s. S. 86) direkt am Cais do Sodré oder in den einfachen Bar-Restaurants an ihrem unteren Ende in der Straße Campo de Santa Clara. Gute Küche und eine exzellente Sicht über die Alfama bietet das Restaurant **Faz Figura** (s. S. 74).

◳ *Blick von der Burg São Jorge* ⓭ *über Lissabon und den Tejo*

▷ *Manuelinik in der Kirche: im Inneren des Hieronymus-Klosters* ㊱

Nachmittags

Die Sammlung europäischer Malerei des **Museu Nacional de Arte Antiga** 34 ist einer der bedeutendsten Touristenmagneten der Stadt. **Shoppen** kann man bis 20 Uhr in der Unterstadt **Baixa**, an der **Avenida da Liberdade** 26 oder im Altstadtviertel **Chiado**. Die Einkaufstour im Chiado lässt sich hervorragend mit einem Besuch der Kirchenruine **Convento do Carmo** 20 und einer Fahrt mit dem **Elevador de Santa Justa** 5 verbinden. Von der Plattform dieser Eisenkonstruktion eines Schülers von Gustave Eiffel bietet sich eine grandiose Aussicht über Lissabon.

Abends

Auf der Terrasse des im Chiado gelegenen Cafés A Brasileira (s. S. 67) kann man sich, neben dem bronzenen Ebenbild des Dichters Fernando Pessoa, auf den Abend einstimmen. Über die **Praça Luís de Camões** 18 geht es weiter zur steilen **Rua da Bica** [U21], ein Mikrokosmos für sich mit etlichen Bars und Restaurants abseits der Touristenströme. Unterhalb schließt sich das **Ausgehviertel am Cais do Sodré** [U22] an. Ein Tipp ist das Pensão Amor (s. S. 78).

Wer **Fado in authentischem Ambiente** hören möchte, kann dies ab 21 Uhr im EstaFado (s. S. 80) oder im Mesa de Frades (s. S. 80) in der Alfama tun. In dieser ehemaligen Kapelle mit Azulejo-Wänden (Kacheln) beginnen die Fado-Konzerte nach dem Essen. Je später der Abend, desto spannender, denn viele Profi-„Fadistas" treffen sich nach ihrem eigentlichen „Arbeitsauftritt", weil sie Lust haben, gemeinsam Musik zu machen. Während des Konzerts ist die Tür angelehnt oder geschlossen, aber in der Pause werden Zuhörer hereingelassen. Wer also zu später Stunde Klänge vernimmt, sollte ruhig ein bisschen warten oder mal anklopfen – dann öffnet sich so manche Tür zu einzigartigen Fado-Erlebnissen.

Zweiter Tag

Morgens

Am ersten Sonntag des Monats sind viele Museen kostenlos zugänglich. Das weitläufige Stadtviertel **Belém** verzeichnet die höchste Museumsdichte der Stadt. Meisterwerke manuelinischer Architektur wie das **Hieronymus-Kloster** (Mosteiro dos Jerónimos) 36 und den **Torre de Belém** 38 kann man nur hier besuchen.

Eine zentrumsnahe Alternative ist das **Museu Calouste Gulbenkian** 30. Ein Abstecher in das östliche Lissa-

078lb Abb.: ps

Das gibt es nur in Lissabon

› Von einem **Burgturm des Castelo de São Jorge** ⓭ aus en détail sehen, wie die Menschen auf der Praça do Comércio ❶ gekleidet sind: Ein Periskop macht es möglich, wenn auch nur bei gutem Wetter.

› **Capilé**, ein Erfrischungsgetränk aus Sirup nach einem Rezept von 1870 mit Extrakten aus Frauenhaarfarn und Orangenblüten, erhältlich in Flaschen oder am Kiosk, z. B. an der Praça Luís de Camões ⓲.

› **Fado** an so vielen verschiedenen Orten, z. B. in den Gassen der Viertel bei den sommerlichen Festen, in der Audiodatenbank des Fado-Museums (s. S. 57), in Musicals (s. S. 84, Teatro Politeama), in den Fado-Tavernen der Alfama und auf der Bühne der Zirkusschule Chapitô (s. S. 77).

› Das ausgelassene **Fest zu Ehren des hl. Antonius von Padua** (s. S. 92, oder Santo António de Lisboa, wie die Portugiesen sagen, ist ein Highlight mit Umzügen, Kostümwettbewerb, Volkstänzen, Fado und Sardinengrillgelagen auf den Straßen.

bon führt Kachelliebhaber ins **Museu Nacional do Azulejo** (s. S. 58) in einem früheren Kloster.

Mittags

Wer in Belém unterwegs ist, darf sich einen Besuch bei **Pastéis de Belém** (s. S. 69) nicht entgehen lassen. Oder man isst im Floresta de Belém (s. S. 74) Mittag.

Wer wieder ins Zentrum zurückkehrt, kann Fisch und Meeresfrüchte im Sea me s. S. 71) im Chiado probieren. Snacks bekommt man günstig an den **Kiosken**, etwa am Aussichtspunkt **Miradouro de Santa Catarina** (s. S. 90) mit traumhaftem Rundblick über den Tejo. Hier oder auf den Liegen im Garten weiter oben, vor dem Restaurant Pharmacia (s. S. 71), lässt es sich optimal ausruhen.

Nachmittags

Highlights der sakralen Kunst sind in der **Kirche** und dem **Museu de São Roque** ㉒ sowie im **Klostermuseum des Convento dos Cardaes** ㉓ zu sehen.

Sonntags sind auch die Einkaufszentren geöffnet. Shoppen und Flanieren am Tejo lässt sich auf dem ehemaligen Expo-Gelände, dem **Parque das Nações** ㊵, miteinander verbinden. Hier gibt es auch Kinderspielplätze, ein Aquarium ㊶ mit Pinguin-Becken und eine **Seilbahn** direkt am Tejo-Ufer.

Abends

Mit etwas Glück kann man eine Vorstellung in Lissabons **Zirkusschule Chapitô** (s. S. 77) in der Alfama miterleben. Restaurant und Bar bieten eine außergewöhnlich schöne Aussicht und fast jeden Abend steht etwas auf dem Kulturprogramm.

Eine große Auswahl an Bars, Kneipen und Restaurants bieten die ehemaligen und wieder in Schuss gebrachten Hafengebäude der **Docas de Santo Amaro** am Ufer des Tejo, ganz in der Nähe der roten Brücke Ponte 25 de Abril.

Stadtspaziergang

Der Stadtspaziergang dauert rund fünf Stunden, ohne Museumsbesuche. Am Burgberg kann man ein Stück mit der Tram 12 oder Tram 28 fahren. Unterwegs laden Miradouros (Aussichtspunkte) zum Verweilen ein.

Los geht es an der **U-Bahn-Station Restauradores.** Auf dem weißen Kopfsteinpflaster des gegenüberliegenden **Rossio** ❻ (Praça de Dom Pedro IV) sind in Schwarz die Wellen des Atlantiks nachempfunden. An den Enden des Platzes spritzt bei Wind das Wasser aus den Fontänen der zwei Brunnen. Auf der Säule thront die Statue von König Pedro IV. in 23 m Höhe. Vor der Terrasse der Pastelaria Suíça (s. S. 69) sitzen Schuhputzer. Wie das Café Nicola (s. S. 69) zählt die Pastelaria Suíça zu den traditionellen Caféhäusern der Stadt.

Weiter geht es durch die **Fußgängerzone Rua Augusta** ❸ Richtung **Triumphbogen** (Arco triunfal) ❷. Dahinter eröffnet sich die großzügige, an drei Seiten von Arkadengängen gesäumte **Praça do Comércio** ❶ zum Tejo. Die älteste Adresse am Platz ist das Café-Restaurant Martinho da Arcada (s. S. 74) am oberen Ende rechts. Von hier zunächst der Rua da Prata folgend, biegt man rechts in die Rua do Comércio ab.

In Nr. 34 der sich anschließenden Rua dos Bacalhoeiros lohnt ein Besuch der **Conserveira de Lisboa** (s. S. 89). Das schmucke Lissabonner Straßenpflaster reicht in der

über 80-jährigen Fischkonservenhandlung bis an die Holztheke. Weiter geht es geradeaus bis zum **Casa dos Bicos** ❿, heute Sitz der Stiftung des Nobelpreisträgers José Saramago. Die kuriose Fassade, ein Relief aus Rauten, stammt aus dem 16. Jh. und regte schon zu allerlei Spekulationen an. So stellten sich Lissabons Bewohner z. B. vor, darin seien die Diamanten des reichen ersten Besitzers versteckt.

Von hier geht es links neben dem Haus durch einen Durchgang die Gassen und Treppen hinauf bis vor die **Kathedrale Sé** ⓬. Gegenüber liegt die **Kirche des heiligen Antonius** (Igreja de Santo António) ⓫. Den Gleisen der Tram bergan folgend, kommt man am **Museu do Teatro Romano** (s. S. 58) vorbei zu einem über 800-jährigen Gummibaum, der unter Naturschutz steht. Kurz darauf gelangt man zum Aussichtspunkt **Miradouro de Santa Luzia** ⓮. Eine kleine Kirche, ein Garten mit Springbrunnen und Bougainvillea, Azulejo-Wände, ein Pergolagang mit Panoramablick über die Alfama und den Tejo – ein so romantischer und fotogener Ort zieht jede Menge Touristen, Maler, Musiker und Verkäufer an. Gegenüber der Kirche geht es zum **Castelo de São Jorge** ⓭, das man in einem Abstecher besuchen kann. Das von einer zinnenbewehrten Mauer umgebene Burggelände kostet Eintritt und manchmal ist die Schlange recht lang. Der Spaziergang führt vom Aussichtspunkt, dem Miradouro de Santa Luzia ⓮, weiter entlang der Tramschienen zum **Museu de Artes Decorativas Portuguesas** ⓯.

Auf dem Platz mit weiteren Miradouros steht eine Statue des Lissabonner Schutzpatrons São Vicente de Fora. Hinter ihm reicht die Sicht bis zu den

---

Routenverlauf im Stadtplan

Der hier beschriebene Spaziergang ist mit einer farbigen Linie im Stadtplan eingezeichnet.

weißen Türmen der Klosterkirche São Vicente de Fora. Die Caféterrasse des **Miradouro das Portas do Sol** 14 lädt zu einer Pause ein. Alternativ kann man zu Fuß den Straßenbahnschienen folgen oder in die Tram 28 steigen, um bequemer bis zur **Kirche São Vicente de Fora** 16 zu kommen. Ihr Klostermuseum bietet eine tolle Aussichtsplattform und viele Außenwände mit historischen Kachelbildern. Dienstags und samstags beginnt hinter der Kirche der **Flohmarkt Feira da Ladra** (s. S. 85), der sich bis zum **Panteão Nacional** 17 in der Barockkirche von Santa Engrácia erstreckt.

Der Spaziergang führt nun bergan über die Rua da Voz do Operário zur **Haltestelle der Tram in Graça** [X19]. Das große Gebäude aus dem 19. Jh. mit der Hausnr. 13 (linke Straßenseite) ist nach dem historischen **Arbeiterverein „Voz do Operário"** benannt. Viele Wohnhäuser im Stadtviertel Graça stammen aus der Zeit der frühen Industrialisierung. Wenn man die Straße weiter bergauf geht, gelangt man auf einen kleinen Platz, von dem man rechts in die schmale Travessa da Pereira kommt. Jetzt geht es wieder bergab. Linker Hand liegt die Siedlung **Vila Berta**, eine Straße mit großen Wohnhäusern, die der Metallfabrikbesitzer Joaquim Francisco Tojal zwischen 1902 und 1908 für seine Angestellten errichten ließ. Am Ende der Straße sieht man das Art-déco-Tor des langen Tunnels, durch den einst die Kutschen zum Haus des Industriellen vorfuhren. Durch den Tunnel gelangt man in die Rua do Sol à Graça, von der man rechts in die Rua da Graça abbiegt.

Weiter geht es links über die Rua da Senhora do Monte, die zu Lissabons höchstem Aussichtspunkt führt, dem **Miradouro da Senhora do Monte** (s. S. 90). Die Marienstatue und die kleine Kapelle „Unserer heiligen Maria vom Berg" prägen den Wallfahrtsort für Gläubige und Abergläubische. Schwangere Frauen setzen sich hier auf den steinernen Thron des Lissabonner Bischofs São Gens in der Kapelle und beten für eine leichte Geburt. Dem Miradouro liegt die ganze Stadt zu Füßen. Und vor der malerischen Burgkulisse sieht man schon den nächsten Aussichtspunkt, den **Miradouro da Graça** (s. S. 90).

Wer nicht allzu gut zu Fuß ist, kann jetzt von der Haltestelle in Graça mit der Tram 28 bis zur Praça da Figueira 8 in der Baixa zurückfahren.

Sonst geht es weiter über die Rua da Senhora do Monte. Der Weg zum Aussichtspunkt Miradouro da Graça führt am Kloster hinter der Kirche **Igreja da Graça** vorbei. Das ehemalige Kloster ist heute Sitz des Militärs, die Kirche ist dennoch zu besichtigen. Der **Kiosk des Miradouro da Graça** (bis 24 Uhr geöffnet) ist ein traumhafter Ort über den Dächern der Stadt.

Das nächste Ziel des Spaziergangs ist das Viertel **Mouraria** zu Füßen des Aussichtspunkts. Der kürzeste Weg vom Miradouro führt über die Treppenstufen hinab, bis man auf die schmale Straße gelangt, auf der die Tram fährt (Rua dos Cavaleiros). Die **Wiege des Fado** ist nach wie vor eines der vernachlässigten Viertel Lissabons mit multikultureller Bevölkerung in meist armen Wohnverhältnissen. Viele Häuser zeigen deutlichere Spuren des Verfalls als in der Alfama, doch das Viertel ist eine Entdeckung wert. Graffiti sorgen für kontrastreiche Farbtupfer, einige thematisieren die Geschichte des Fado.

Es geht stetig bergab, sollte man sich verlaufen, kommt man irgendwann unten auf die Rua da Mouraria oberhalb des großen, restaurierten

011lb Abb.: ps

Platzes **Praça Martim Moniz** [W19]. Schwarz-Weiß-Porträts in den Gassen erinnern an berühmte Fado-Sänger und zeigen auch alteingesessene Bewohner und Ladenbesitzer. Als **kleiner Abstecher** bietet sich die Rua do Capelão an. Am Largo da Severa wohnte einst die legendäre Fado-Sängerin und Prostituierte **Maria Severa Onofriana**. Sie starb 1846 mit nur 26 Jahren: ob an Tuberkulose oder wegen Selbstmord nach einer unglücklichen Affäre mit einem Grafen, bleibt ungeklärt. Ihr Leben inspirierte den Dramatiker Júlio Dantas 1901 zu dem Schauspiel „A Severa", das 1931 das Sujet für den ersten portugiesischen Tonfilm lieferte. In ihrem ehemaligen Haus hat das Museu do Fado eine Fado-Bar eingerichtet (s. S. 57).

Vorbei an den vielen Wasserfontänen und Ständen mit internationaler Küche an der Praça Martim Moniz geht es durch die Rua da Palma zur **Praça da Figueira** ❽, einem der drei zentralen Plätze der Unterstadt mit der Reiterstatue von Dom João I.

von Portugal. Über die Rua de Dom Antão de Almada erreicht man die Kirche **Igreja de São Domingos** ❾. Gegenüber in der Stehbar **A Ginjinha** (s. S. 65) gibt es Lissabons berühmten **Sauerkirschlikör.**

Touristische Restaurants säumen die Rua das Portas de Santo Antão mit dem Konzertsaal **Coliseu dos Recreios** (s. S. 83) und dem **Teatro Politeama** (s. S. 84). In Höhe des **Ascensor do Lavra** [V19] geht es nach links auf die Avenida da Liberdade ㉖. Unter den Baumalleen auf Lissabons Prachtstraße laden Bänke ein, im Schatten zu verweilen, bevor man sich von den Schaufenstern und Showrooms der eleganten Geschäfte fesseln lässt. Am südlichen Ende der Avenida da Liberdade liegt der Ausgangspunkt des Spaziergangs, die Metrostation Restauradores.

◹ *Blick vom Miradouro da Senhora do Monte hinüber zum Miradouro da Graça (s. S. 90)*

Durch die Baixa

Dreh- und Angelpunkt des Einkaufs-, Geschäfts- und Bankenviertels ist die Fußgängerzone Rua Augusta zwischen den Plätzen Rossio und Praça do Comércio. Wer heute an Restauranttischen und Straßengauklern vorbei über die kunstvoll gesetzten schwarz-weißen Pflastersteine schlendert und den Blick von hellgelben Fassaden zu Arkaden und Statuen schweifen lässt, kann sich kaum vorstellen, dass weite Teile der Baixa wie Venedig auf Holzpfeilern in Tejo-Wasser ruhen.

Repräsentative Plätze und großzügige breite Straßen prägen Lissabons Unterstadt, die Baixa. Hier pulsierte vor dem Großen Erdbeben von 1755 das Herz einer der reichsten Städte des Abendlands. Seit ihrem kompletten **Wiederaufbau im Schachbrettmuster** unter Marquês de Pombal heißt die Baixa de Lisboa Baixa Pombalina.

Überreste aus römischer Zeit, denen das Erdbeben nichts anhaben konnte, dienen bis heute als solide, stützende Unterwelt der Baixa. Einmal im Jahr, am Tag des offenen Denkmals im September, bilden sich lange Schlangen vor einem Gulli zwischen den Straßenbahngleisen in der Rua da Conceição [W21]. Dann dürfen Interessierte in die römischen Kellergewölbe und Galerien hinabsteigen, die vielfach erst nach dem Erdbeben wiederentdeckt wurden und noch im 19. Jh. als Trinkwasserzisternen dienten.

▷ *Die Praça do Comércio mit dem Triumphbogen im Hintergrund*

❶ Praça do Comércio ★★★ [W22]

Kuschelig-gemütlich ist das „Wohnzimmer" der Tejo-Metropole nicht. Dafür lassen hier Großzügigkeit und Weite aufatmen und der 177 mal 192,5 m große Prunkplatz wird seit der 2012 abgeschlossenen Renovierung immer anziehender. Statt Büros säumen seither Bars, Restaurants und Geschäfte den Platz. Von der Flussseite weht selbst im Hochsommer eine frische Brise. Zum Tejo hin öffnet die unverstellte Sicht den Horizont. Der Blick folgt dem Strom und den Schiffen, die Stadt und ihre Geschichte im Rücken.

Vom **Cais das Colunas** am Ufer des Tejo führen Treppen ins Wasser. Touristen und Städter kommen gern hierher, um sich die Füße abzukühlen. Auch die Treppen des **Reiterdenkmals von König Dom José I.** (Joseph I.) in der Platzmitte laden zum Verweilen ein. Der renommierte Bildhauer Machado de Castro schuf die symbolische, 14 m hohe Bronzeskulptur 1775 zum Geburtstag des Königs. Sein Pferd tritt mehrere Schlangen nieder, zum Zeichen des Sieges über das Böse. Der Elefant am Sockel des Denkmals steht für das portugiesische Weltreich. Das Medaillon an der Vorderseite erinnert an den **Marquês de Pombal**. Ihm hatte der König für den Wiederaufbau Lissabons nach dem Großen Erdbeben von 1755 (s. Exkurs S. 98) freie Bahn signalisiert. Josés Tochter und spätere Königin Dona Maria I., die den Marquês für intrigant und brutal hielt, ließ das Medaillon später abhängen, aber seit 1833 ist es wieder an seinem alten Platz.

Die Bewohner Lissabons nennen die Praça do Comércio noch immer

„Terreiro do Paço" – Schlossplatz. Und so heißt auch die Metrostation, obwohl der Königspalast Paço da Ribeira aus der Zeit vor dem Großen Erdbeben nur noch auf historischen Stichen und Kachelbildern zu sehen ist oder als Modell im Stadtmuseum (s. S. 56).

Die frischen, gelb gestrichenen Fassaden mit einheitlich großen Fenstern und **langen Arkadengängen** strahlen Harmonie und Ruhe aus und die riesige Fläche davor bietet sich als elegante Bühne für Großveranstaltungen an. Vor den einstigen Gebäuden der Ministerien laden die großen Terrassen der Bars und Restaurants zum Verweilen ein. Sonntags bauen Kunsthandwerker ihre Stände unter den Arkaden neben dem Triumphbogen auf.

032lb Abb.: ps

❷ Arco triunfal (Triumphbogen) ★★ [W21]

„Die Tugenden der Größten allen zur Lehre" steht als lateinische Inschrift auf dem monumentalen Torbogen zwischen Praça do Comércio und Rua Augusta. Von der Aussichtsplattform reicht der Panoramablick weit über die Stadt.

Seit 1873 krönen **allegorische Figuren** den Triumphbogen: Gloria in der Mitte mit Genius zur Linken und der Tapferkeit zur Rechten. Die an Neptun erinnernden Skulpturen zu beiden Seiten des Bogens verkörpern die Flüsse Tejo (links) und Douro (rechts), die beiden bedeutendsten Ströme Portugals.

Vier **Marmorstatuen neben dem Wappen des Königshauses** erinnern an historische Persönlichkeiten. Von links nach rechts sind es Viriathus, der Anführer der Lusitaner beim Kampf gegen die Römer, der Entde-cker Vasco da Gama, der Marquês de Pombal, der den Triumphbogen in Auftrag gab, und Nuno Álvarez Pereira, der Anführer des portugiesischen Heeres in der Schlacht von Aljubarrota 1385 gegen die Kastilier, in der die Portugiesen ihre Eigenständigkeit behaupteten. Im Inneren erinnert eine Ausstellung an die Geschichte des Triumphbogens, aber das Schönste ist die Aussicht. Ein Aufzug fährt bis zur Plattform hoch (tgl. 9–19 Uhr, 2,50 €, Kinder bis fünf Jahre frei).

❸ Rua Augusta ★★ [W21]

In der Rua Augusta, Lissabons Einkaufs- und Flaniermeile zwischen Rossio und Triumphbogen, reihen sich im Sommer zwischen den Geschäften die Caféhausstühle unter großen Sonnenschirmen aneinander.

Die hellen Pflastersteine reflektieren das Licht zwischen *Pastelarias*, Kiosken und den Ständen der Blumenverkäufer. Historische Fotos erinnern an frühere **Traditionsgeschäfte**.

O33lb Abb.: ps

Einige der ältesten noch erhaltenen Kurzwarenläden befinden sich in der Querstraße Rua da Conceição.

Ein Beispiel für gelungene Sanierung ist das **Design- und Modemuseum MUDE** (s. S. 55), dessen weitere Stockwerke nach und nach ausgebaut werden sollen. Der während der Salazar-Diktatur 1964 entstandene Bau nimmt den gesamten Block ein und war einst Sitz einer Bank. Ansonsten stammen die meisten Häuser an der Rua Augusta aus dem 18. und 19. Jh.

Wer vom Shopping genug hat, kann sich in der **Fundação Millennium** (s. S. 58) zu einer Führung zu archäologischen Funden aus phönizischer Zeit anmelden. Nicht weit entfernt liegt die Querstraße Rua Santa Justa, die spektakuläre **Sichtachse** zu dem fotogenen Standaufzug Elevador de Santa Justa.

◳ *Die Rua Augusta* ❸ *– ideal zum Shoppen und Flanieren*

▷ *Gusseisernes Wunderwerk der Technik: der Aufzug Santa Justa*

❹ **Praça do Município** ★ **[V22]**

Auf dem Rathausplatz zwischen Praça do Comércio ❶ und Cais do Sodré [U22] wurde zwar einst Geschichte geschrieben, aber heute geht es hier meist ruhig zu.

Vom Balkon des Rathauses *(Câmara Municipal)* an der Praça do Município wurde am 5. Oktober 1910 die Republik ausgerufen. Der letzte König, Dom Manuel II., floh daraufhin ins Exil nach England. Der neoklassizistische Bau stammt aus dem Jahr 1880. In der Mitte des Giebels ist das Stadtwappen zu sehen. Die **Säule in der Platzmitte** symbolisierte einst die Stadtrechte und war auch der Pranger. Die Eisenhaken, an denen die Verurteilten zur Abschreckung aufgehängt wurden, hat man später entfernt.

❺ **Elevador de Santa Justa** ★★ **[V20]**

Lissabons bekanntester Standaufzug, 1902 nach einer Idee von Gustave Eiffel erbaut, ist heute eine der beliebtesten Touristenattraktionen der Stadt. Die Planung und Realisierung übernahm Eiffels Schüler Raoul Mesnier de Ponsard. Das Panorama von der Aussichtsplattform ist umwerfend.

Zwei Kabinen mit Platz für 24 Personen und den Fahrstuhlführer pendeln in der **filigranen Gusseisenkonstruktion** mit Messingbeschlägen zwischen Unter- und Oberstadt. Jeweils vier neogotische Bögen in sechs Etagen übereinander gewähren während der Fahrt freie Sicht auf die Dächer der Baixa. Nachts fährt der Aufzug nicht, ist aber effektvoll beleuchtet. Die **Aussichtsplattform in 45 m Höhe** erreicht man über eine kleine Wendeltreppe. Ihre untere Etage ist durch einen Übergang mit dem Platz vor der Klosterruine Convento deo Carmo ⑳ verbunden. Daher ist der Aufzug bei den *Lisboetas* auch als **Elevador do Carmo** bekannt. Wer sich die Fahrt sparen möchte, kann vom Largo deo Carmo aus zu Fuß bis zum Aufzug gehen und bezahlt für die Aussicht von der Plattform nur 1,50 €.

› R. do Ouro, Metro: Rossio, tgl. 7–21.45, im Sommer bis 22.45 Uhr, Auf- und Abfahrt plus Aussichtsplattform 5 €, nur Aussichtsplattform 1,50 €. Das Guthabenticket 7 Colinas/Viva Viagem ist gültig (s. S. 128).

❻ Rossio (Praça de Dom Pedro IV) ★★ [V20]

Alle Wege führen irgendwann über den Rossio. Auf Steinbänken verweilend, lässt sich die Aussicht auf die Hügel genießen oder mit den Augen über das Wellenmuster der anfangs von Sträflingen gelegten Pflastersteine hinweggleiten.

An dem zentralen Platz kreuzen sich zwei Metrolinien und an seinem oberen Ende sind es nur ein paar Schritte über die Straße zum Bahnhof Rossio, wo die Züge nach Sintra abfahren.

An den Längsseiten des Rossio laden **traditionsreiche Cafés** zum Sitzen und Schauen ein. Verkäufer bieten je nach Saison Kirschen oder Kastanien feil. Anfang Oktober kann es vorkommen, dass die Erstsemester in den **beiden Springbrunnen aus Bronze**, die den Platz seit dem 19. Jh. verschönern, ihre kalte Taufe erhalten.

Seinen zweiten Namen Praça de Dom Pedro IV verdankt er **König Dom Pedro IV.**, dem früheren brasilianischen Kaiser Pedro I., der in 23 m Höhe auf der Säule in der Platzmitte thront. Pedro regierte Portugal ab 1826 und reiste 1828 mit seinen Streitkräften aus Brasilien an, um die liberale Verfassung seiner Heimat gegen seinen Bruder Miguel zu verteidigen. Pedro „dem Ehrlichen" wurden fortan Eigenschaften wie Gerechtigkeit, Klugheit, Stärke und Mäßigung zugeschrieben, dargestellt durch die

0341b Abb.: ps

weiblichen Figuren am Sockel der Säule. Seine Tochter und Nachfolgerin Dona Maria II. heiratete Ferdinand II. von Sachsen-Coburg und Gotha. Nach ihr ist das **Teatro Nacional D. Maria II** mit den Caféhausstühlen zwischen neoklassizischen Säulen an der Stirnseite des Platzes benannt. Es stammt von 1842, die **Säule zu Ehren Pedros** wurde erst 1870 aufgestellt.

Einst war der Rossio **Schaubühne für Stierkämpfe und Volksbelustigungen,** aber auch für Hinrichtungen und Verbrennungen auf Geheiß des Inquisitionsgerichts. Nach dem Erdbeben von 1755 (s. Exkurs, S. 98) ließ der Marquês de Pombal den zerstörten Platz als mondäne Visitenkarte der Monarchie komplett neu errichten.

Wer den **Jugendstilbogen Arco da Bandeira** zur Rua dos Sapateiros durchschreitet, steht vor einer Art „Peep-Show-Schaufenster" im Gebäude des **ältesten Kinos der Stadt,** dem Animatógrafo de Rossio von 1907. **Kachelliebhaber** haben ihre Freude an den Milchkühen auf den Azulejos der Bar A Camponesa (s. S. 67). Den berühmten rauchenden Frosch auf einer Kachel in der kleinen Tabacaria Mónaco neben dem Café Nicola (s. S. 69) schuf der Karikaturist Bordalo Pinheiro.

❼ Praça dos Restauradores ★ [V19]

Der rechteckige, verkehrsumtoste Platz mit dem Bahnhof Rossio am unteren, westlichen Ende und einem Obelisk in der Mitte gibt dank seiner Architektur Aufschluss über Etappen der Stadtgeschichte.

Die beiden **Hufeisenbögen am Eingang zum Bahnhof Rossio** mit ihren maurischen, zopfartig gedrehten Tauen aus Stein sind das architektonische Schmuckstück der Praça. Mit dem Bau aus dem Jahr 1887 im **neomanuelinischen Stil** ließ Architekt José Luís Monteiro den Geist des goldenen 16. Jh. wieder aufleben. Fünf Jahre später errichtete Monteiro auch das Hotel Avenida Palace, eines der ersten Luxushotels Lissabons.

Der **Obelisk** in der Platzmitte erinnert an die Befreiung von der 60-jährigen spanischen Herrschaft im Jahr

△ *Der Rossio* ❻ *mit dem Teatro Nacional D. Maria II (s. S. 83)*

▷ *Historische Größe: König Dom João I. zu Pferd auf der Praça da Figueira*

1640. Hier sind die Daten der soge-
nannten Restaurationskriege einge-
meißelt, daher der Name „Restauradores". An den Aufstand der Adeligen
erinnert alljährlich eine Gedenkfei-
er am 1. Dezember, dem portugiesischen Nationalfeiertag. Die Statuen
am Obelisk symbolisieren Unabhängigkeit und Sieg. Das dominante **Hotel Eden** mit seiner Art-déco-Fassade
war Anfang des 20. Jh. noch ein Kino,
ebenso wie der modernistische Bau
des heutigen Hard Rock Café.

036lb Abb.: ps

❽ Praça da Figueira ★ [W20]

*Aus den roten Ziegeln einiger Dächer
wachsen noch Pflanzen. Das letzte
Mal sanierte die Stadt den Platz im
Jahr 2000. Dabei rückte die Bronzestatue von König Dom João I. aus
der Platzmitte Richtung Südwesten,
damit man sie durch die Straßenach-
sen und von den anderen Plätzen aus
besser sehen konnte.*

Bis zum Erdbeben von 1755 stand
hier Lissabons größtes Krankenhaus,
umgeben von **Gärten mit Feigenbäu-
men**, die dem Platz seinen Namen
gaben. Von 1849 bis 1949 boten
Händler in einer überdachten Markt-

halle ihre Waren feil. Zu den Traditionsadressen zählen die Pastelaria
Suíça (s. S. 69) und die Confeitaria Nacional (s. S. 69). Regelmäßig
kreuzen Busse und die historischen
Straßenbahnen 12 und 28 den Platz.

„Wenn ich die Welt in der Hand hätte, würde ich sie, dessen bin ich sicher, gegen eine Fahrkarte zur **Rua
dos Douradores** eintauschen", legt
Fernando Pessoa einer seiner Figuren, dem Hilfsbuchhalter Bernardo
Soares, in den Mund. Von der Praça da Figueira aus ist das nicht nötig, denn in die ruhige Straße, die der
Dichter so sehr liebte, sind es von
hier nur ein paar Schritte.

EXTRATIPP

„Bacalhau" und Delikatessen
Die **Manteigaria Silva** (s. S. 89)
ist ein gut sortierter Delikatessenladen für Schinken, *bacalhau* (Stockfisch), *salpicão* (Wurst), Käse, Wein
und *Ginjinha* (Sauerkirschlikör) aus
Alcobaça. Das Geschäft zählt zu den
ältesten und preiswertesten in Lissabon. Den im *Bacalhoeiro* gestapel-
ten getrockneten Kabeljau darf man
auch gern fotografieren. Historische
Schwarz-Weiß-Fotos erinnern an die
Anfänge der Fischerei.

❾ Largo und Igreja de São Domingos ★ [V20]

*Am Largo de São Domingos trinken
die „Lisboetas" seit 1840 gern ihren
„Ginjinha" (s. S. 65). Die Igreja de
São Domingos zählt zu den unge-
wöhnlichsten Kirchen der Stadt.*

„Lissabon, Stadt der Toleranz"
steht in 34 Sprachen auf einem Denkmal an der Nordseite des Platzes. Bei

der Enthüllung 2008 bat das Patriarchat von Lissabon um Vergebung für das **Pogrom des Jahres 1506**, bei dem 2000 Juden getötet wurden. Das Morden begann in der Igreja de São Domingos, als ein Sonnenstrahl auf das Gesicht einer Jesus-Skulptur fiel und eine rasende Menge dies als Zeichen verstand, die Juden als vermeintliche Sündenböcke für Hunger, Pest und Dürre zu bestrafen. Die Kirche war ab dem 13. Jh. Teil des Dominikanerklosters um das Krankenhaus an der Praça da Figueira. Nach dem Erdbeben von 1755 wurde sie in barockem Stil prunkvoll neu errichtet und 1959 nochmals durch einen Brand zerstört. Der riesige Raum mit pastellrosa gestrichener Decke wirkt heute ungewöhnlich morbide. Die Wände wurden gesäubert, aber nicht mehr mit Holz verkleidet oder vergoldet; an einigen Stellen sind noch Brandspuren zu erkennen.

❯ **Igreja de São Domingos,** Lg. de São Domingos, Metro: Rossio, tgl. 9–18 Uhr

EXTRATIPP

Kultige Konserven

Fischkonserven aus dem Supermarkt? Das gleicht in Lissabon einem Sakrileg. Im Traditionsgeschäft für Fisch in Dosen, der **Conserveira de Lisboa** (s. S. 89), werden die eigenen, seit 1942 registrierten Marken Tricana, Minor und Prata do Mar über den Holztresen verkauft – Thunfisch, Tintenfisch, Muscheln, Makrelen und Sardinen in nostalgisch designten Dosen, die je nach Vorliebe auch mit Pfeffer, Nelken oder Curry gewürzt werden. Die Mitarbeiter packen den Einkauf liebevoll in dickes Papier ein. Das Unternehmen besteht seit 1930. Zum 80-jährigen Jubiläum gab es ein mit Sardinendosen beklebtes Herz für die Inhaberin Maria Manuel Cabral Ferreira, das nun im hinteren Ladenteil an der Wand hängt. Sie bietet auch *groselha* an, ein Erfrischungsgetränk aus Stachelbeer- oder Johannisbeersirup.

Alfama, Mouraria und Graça – Gassen mit Seele

Die labyrinthischen Straßen in der Alfama, Lissabons ältestem Viertel unterhalb der Burg, erinnern an eine nordafrikanische Kasbah. Der heutige Name geht auf das arabische Wort „Al-Hama" („Quelle") zurück. Die alteingesessenen Bewohner treffen sich auf Bänken, in Lebensmittelläden, zum Fernsehen in kleinen Sportklubs oder in den im oberen Teil des Viertels versteckten Fado-Lokalen. Ab 23 Uhr ist Schlafenszeit – dann mögen es die Alfama-Bewohner in ihren Gassen am liebsten still.

Das Kloster São Vicente wurde einst außerhalb der Stadtmauern errichtet. Oberhalb ächzt die Tram 28

bergauf durch das Arbeiterviertel **Graça**. Ganz in der Nähe, am Miradouro da Graça (s. S. 90), öffnet sich ein traumhaftes Panorama über die Dächer der Mouraria bis zum Tejo und zu den Hügeln auf der anderen Seite der Baixa.

Wie die Alfama ist auch die **Mouraria** maurischen Ursprungs. In ihren unübersichtlichen Gassen sorgten einst Prostituierte und Fado-Sängerinnen für Aufregung. Bis heute leben

▷ *Fado: in der Alfama auch als Graffiti an den Hauswänden*

hier vorwiegend arme Bevölkerungsschichten und obwohl sich einiges gebessert hat, gilt die Mouraria noch immer als sozialer Brennpunkt.

Wer von der Baixa aus zu Fuß in die Alfama geht oder an der Metrostation Santa Apolónia aussteigt, nähert sich dem Viertel von unten. Noch ohne Steigungen zu überwinden, erreicht man dann leicht das Casa dos Bicos und das Museu do Fado (s. S. 57).

❿ Casa dos Bicos ★★ [X21]

Der Sohn des Vizekönigs von Indien, Brás de Albuquerque, ließ das „Haus der Spitzen" 1522 am Fuß des Alfama-Hügels errichten. Die Fassade aus eckigen Steinquadern in Diamantenform galt in der Frührenaissance als hochmodern. Im Juni 2012 eröffnete hier die Stiftung „Fundação José Saramago" ihr Museum und informiert über Leben, Werk und Nachlass des portugiesischen Literaturnobelpreisträgers.

Eine steile Treppe führt zu den Etagen der Ausstellung. Der sanierte Bau integriert römische Ausgrabungen und auf der verglasten Rückseite den Torbogen der einstigen Stadtmauer. Zu sehen sind die zahlreichen Übersetzungen der Bücher des Erfolgsautors Saramagos, der erst mit Mitte 40 zu schreiben begann.

Besonders interessant: **handschriftlich korrigierte Manuskripte**, historische Fotos, u. a. mit Susan Sontag und Gabriel García Márquez, die Nobelpreis-Medaille und ein Video mit seiner Dankesrede. In der **Bibliothek der Stiftung** kann man sich ein Video über Saramagos Haus auf Lanzarote ansehen. Dorthin zog er 1993 mit seiner Familie nach dem Kirchenskandal um sein Buch „Das Evangelium nach Jesus Christus" und aus Protest gegen die konservative Regierung Portugals. Auf der spanischen Insel starb er schließlich am 18. Juni 2010 mit 87 Jahren.

Saramagos 25 Jahre jüngere Frau Pilar del Río setzte seine Asche ein Jahr nach seinem Tod unter einem **100-jährigen Olivenbaum** vor der Casa dos Bicos bei. Der Baum, den Saramago aus seiner Kindheit kannte, wurde aus seinem Geburtsort Azinhaga in der Provinz Ribatejo nach Lissabon verpflanzt.

❯ R. dos Bacalhoeiros, Tram 18E u. 12 bis Sé, www.josesaramago.org, Tel. 218802040, Mo.–Sa. 10–18 Uhr, Eintritt 3 €

⑪ Igreja de Santo António ★ [X21]

Der Kult um den heiligen Antonius, dessen Bilder und Statuen bis heute besonders in der Alfama als Glücksbringer verehrt werden, hat seine Ursprünge in dieser kleinen barocken Kirche gegenüber der Kathedrale.

Die Kirche steht über dem Geburtsort des späteren Antonius von Padua (1195–1231). Kinder sollen die Groschen auf der Straße gesammelt haben, um den Neubau der Kirche nach dem Großen Erdbeben zu finanzieren. Weil der Heilige als Glücksbringer für die Liebe und Ehe (s. Feste S. 92) gilt, geben sich die *Lisboetas* in dieser Kirche gern das Jawort.

Die **Statue auf dem Altar** wird am 13. Juni bei Prozessionen zu Ehren des Heiligen durch die Straßen getragen. Das kleine **Museu Antoniano** neben der Kirche zeigt Gemälde, liturgische Gegenstände und Keramiken rund um die in der Alfama stark ausgeprägte Antonius-Verehrung.

❯ Lg. de Santo António da Sé, Tram 28 u. 12 bis Sé, Tel. 218860447, **Kirche:** tgl. 8–19.30 Uhr, **Museum:** Di.–So. 10–13 u. 14–18 Uhr, Eintritt frei

038Ib Abb.: ps

⑫ Kathedrale Sé ★★★ [X21]

Vor der Kathedrale, auch bekannt als Igreja de Santa Maria Maior, stehen oft mehrere Straßenbahnen der Linien 12 und 28 im Stau. Das älteste Gotteshaus der Stadt ist auch das meistbesuchte.

König Dom Afonso Henriques ließ die Kathedrale ab 1147 nach der Rückeroberung Lissabons von den Mauren auf den Fundamenten einer Moschee errichten. **Wie ein Siegessymbol** ist sie seit einem Erdbeben von 1344 mit zwei trutzigen Türmen und Festungszinnen bewehrt. Im 18. Jh. erhielt sie zeitweise zwei barocke Turmspitzen. Erst unter Salazar ließ man die Türme wieder so wie zuvor umbauen. Die *Lisboetas* nennen die Kathedrale fast liebevoll ihre „Sé". Offiziell heißt sie **Sé Patriarcal**, übersetzt „Kathedrale des Patriarchats". Diesen Titel verlieh der Papst dem Erzbistum Lissabon im Jahr 1716.

Es ist faszinierend, sich von außen die bei mehreren Wiederaufbauten verwendeten **Steine verschiedener Epochen** anzusehen. Teilweise stammen sie noch aus der Zeit vor den Mauren. In Portalnähe ist ein Stein mit einem jüdischen Symbol versehen, um die Ecke Richtung Tejo wurde ein westgotischer Fries in die Wand integriert. Das schlichte, lichtdurchflutete, dreischiffige Kircheninnere stammt aus romanischer Zeit; der Chorumgang mit zehn Kapellen ist gotisch. Im Chor stehen die Sarkophage von König Dom Afonso IV. und Königin Dona Beatriz sowie von einem seiner Kreuzritter und dessen Frau. Links vom Eingang pilgern viele portugiesische Besucher zum **Taufbecken des heiligen Antonius**. Die Azulejos in der Taufkapelle zeigen

Johannes den Täufer. Als Kachelbild dargestellt ist auch die Predigt des heiligen Antonius an die Fische. In einer weiteren Kapelle steht die Weihnachtskrippe des Bildhauers Machado de Castro von 1766. Sakristei, Orgel und Hauptaltar weisen barocke und neoklassizistische Stilelemente auf. Der Kreuzgang stammt aus dem 13./14. Jh. Hier sind Mauerreste und Funde aus römischer und maurischer Zeit ausgestellt. Die Schatzkammer birgt den **Kirchenschatz des Patriarchats**. Dazu gehört der mit über 4000 Edelsteinen verzierte Reliquienschrein des heiligen Vinzenz.

❯ Lg. da Sé, Tram 28 u. 12 bis Sé, Kathedrale 9–19, Kreuzgang 10–18, im Sommer bis 19 Uhr, Schatzkammer 10–17 Uhr, So. geschl., Eintritt in die Kirche frei, Kreuzgang und Schatzkammer je 2,50 €

🔼 *Blick von Graça über die Mouraria zur Burg São Jorge*

◀ *Von außen beinahe eine Festung: Lissabons Kathedrale*

⑬ Castelo de São Jorge ★★★ [X20]

In 110 m Höhe thront auf der Spitze des Alfama-Hügels das Kastell. Das 6000 m² große Burggelände lässt sich auf eigene Faust oder während einer Führung erkunden. Die Aussicht über Lissabon ist ohnehin exzellent, aber das Periskop in einem der Türme macht noch mehr Lust, gewissermaßen zum Voyeur zu werden.

Die erste Burg stammte von den Römern (ca. 132 v. Chr.). Auch die Westgoten (5. Jh.) und Mauren (8. Jh.) wählten den **Ort mit dem besten Rundumblick** für ihre Verteidigungsanlagen. Erst der christliche Rückeroberer König Dom Afonso Henriques benannte seine im 13. Jh. ausgebaute Festung nach **Georg, den Drachentöter,** und ließ die Maurenmoschee durch eine Kirche ersetzen. Das Königshaus residierte hier, bis Manuel I. seinen Palast 1511 in die Baixa, direkt an den Tejo, verlegte.

Über die Treppen der insgesamt **zehn Türme der Wehrmauer** kann man ein Stückchen in die Unterstadt hinabsteigen. Salazar ließ die steile Wehrmauer ab 1938 rekonstruieren. Auf der Fläche des heutigen archäologischen Museums, des Burgcafés und des Restaurants Casa do Leão stand früher der mittelalterliche Königspalast. Am Eingang des Museums lässt eine Illustration erahnen, wie es hier früher ausgesehen hat. Das Museum zeigt Funde aus der inzwischen teilweise überdachten archäologischen Ausgrabungsstätte auf dem Gelände.

Faszinierend ist ein Besuch der **Dunkelkammer des Torre de Ulisses.** Bei gutem Licht und wenig Wind werden hier mittels eines großen Parabolspiegels nach dem Prinzip der Camera obscura Szenen aus den Straßen der Unterstadt auf eine Leinwand projiziert. Erstaunlich, wie nah sich Menschen, Autos, Fähren und Fassaden mit dieser alten Technik heranzoomen lassen.

Durch die grüne Anlage mit **Pergolen, Bänken und romantischen Plätzen** zwischen Mauern und Türmen führen hübsch angelegte Wege. Gerade im Sommer sollte man sich für die Erkundung ein paar Stunden Zeit nehmen. Die Burg zählt zu Lissabons touristischen Highlights und an man-

Feira da Ladra, der Markt der Diebin

Lissabons **Flohmarkt Feira da Ladra** (s. S. 85) ist berühmt-berüchtigt. Portemonnaies und Taschen, die Touristen in der Tram 28 gestohlen wurden, seien hier käuflich zu erwerben, so heißt es immer noch. In jeder Legende steckt ein Funken Wahrheit, aber dennoch nimmt man am besten die Tram 28 und steigt am Convento de São Vicente de Fora aus. Entlang der Seitenwand der Kirche warten die ersten Verkäufer mit Gürteln, CDs und allerlei Trödel. Bei den Antiquitätenhändlern am oberen Ende der Markthalle am Campo de Santa Clara schlägt noch das Herz des alten Lissabon. Historische Bilder und nostalgische Objekte erinnern an vergangene Tage. In der Halle gibt es portugiesische Feinkost und Biowaren. Nach Kleidung, Fado-CDs, Elektroartikeln und einem Sammelsurium ausrangierter Dinge lässt sich in Richtung Panteão Nacional weiter stöbern. Viele Händler – darunter auffällig viele Frauen – sprechen Englisch oder Französisch. Feilschen wird geradezu erwartet, also nicht schüchtern sein.

☑ *Feira da Ladra: viel Ambiente und vielleicht ein Kleid zum Schnäppchenpreis*

040lb Abb.: ps

chen Tagen bilden sich vor der Kasse lange Schlangen. Am **Largo de Santa Cruz do Castelo** steht die gleichnamige Kirche. Die **Igreja do Menino Deus** stammt von 1711 und überdauerte das Erdbeben. Kinder können sich sonntags auf dem Burggelände über mittelalterliche Shows freuen. Im Sommer beleben samstags ab 22 Uhr Lichtprojektionen das Gemäuer.

> **Castelo de São Jorge**, R. de Santa Cruz do Castelo, Tram 12 u. 28 bis Miradouro Santa Luzia, www.castelodesaojorge.pt, Tel. 218800620, März–Okt. tgl. 9–21 Uhr, Nov.–Feb. tgl. 9–18 Uhr, **Periskop:** 10–17 Uhr alle 30 Min., Eintritt 8,50 €, erm. 5 €, englischsprachige Führung um 16 Uhr im Preis inbegriffen

> **Restaurant Casa do Leão**, tgl. 12.30–15 u. 20–22.30 Uhr

⑭ Miradouro de Santa Luzia und Miradouro das Portas do Sol ★★ [X20]

An den Pergolen des Miradouro de Santa Luzia leuchten Bougainvilleen als pinke Farbtupfer. Maler bauen gern ihre Staffelei vor der fotogenen Kulisse auf: Von hier reicht der Blick über die roten Ziegeldächer der Alfama bis zum Tejo und die Kloster- und Kirchtürme rundherum glänzen weiß in der Sonne.

Leise plätschert das Wasser der Springbrunnen. Ein Kachelbild an der Wand der kleinen Kirche des Malteserordens Santa Luzia zeigt Lissabon vor dem Erdbeben (s. Exkurs S. 98) und den Ritter Martim Moniz als Kämpfer bei der Rückeroberung der Burg.

Von hier bis zu dem **Miradouro das Portas do Sol**, der nächsten **Aussichtsterrasse**, verlief einst die *Cerca Moura*, die **maurische Stadtmauer**, deren Reste heute ein solides Fun-

dament bilden. An den Portas do Sol hatte die Mauer ein dem Sonnenaufgang zugewandtes Stadttor. Auf dem Platz steht eine **Statue des heiligen Vinzenz**. Er ist der **Schutzpatron Lissabons** und der Seefahrer. Aufgrund einer Legende wurde er zur Schlüsselfigur des **Lissabonner Stadtwappens:** Es zeigt das Schiff, auf dem seine Leiche in die portugiesische Hauptstadt transportiert wird, und zwei Raben. Der Heilige starb zur Zeit der Maurenherrschaft in der spanischen Stadt Valencia. Christen brachten seinen Leichnam nach Portugal zurück, strandeten aber an der Südküste, der Algarve, wo sie eine Kapelle errichteten. Hier hielten fortan zwei Raben über den heiligen Vinzenz Wache. Als er nach Lissabon geholt werden sollte, fand man die Grabstelle, weil Raben über ihr kreisten. Zwei Raben begleiteten das Schiff auf seinem Heimweg, so die Legende. In Blickrichtung der Statue steht auch das Kloster São Vicente de Fora, in dem der Stadtheilige bis heute ruht.

> **Miradouro de Santa Luzia**, Tram 28 u. 12 bis Miradouro de Santa Luzia

> **Miradouro das Portas do Sol**, Tram 28 u. 12 bis Lg. Portas do Sol

⑮ Museu de Artes Decorativas Portuguesas ★★ [X20]

Der Palast mitten in der Alfama beherbergt das Museum für angewandte Kunst des 17. bis 19. Jh. Es gibt einen guten Einblick in Wohnkultur und Lebensstandard des portugiesischen Adels.

Im Palácio Azurara, einem **restaurierten Adelspalast aus dem 17. Jh.**, zeigt das Museum für angewandte Kunst die Sammlung des reichen Bankiers Ricardo do Espírito Santo Silva (1900–1955). Er kaufte den

04 lb Abb.: ps

Palast 1947 und initiierte eine Stiftung zur Verwaltung seines Nachlasses. Bei einem Rundgang durch die Räume kann man original wiederaufgebaute Schlaf-, Kinder-, Ess-, Musik- und Wohnzimmer des 17. bis 19. Jh. bewundern. Filigrane, aus wertvollem Holz geschnitzte Möbel, Tafelsilber, Porzellan, Wandteppiche, Keramikwände und Deckenfresken zeugen von **kunsthandwerklicher Blüte** und dem Geschmack der Oberschicht vergangener Zeiten. Zu sehen sind auch historische Gemälde. Das Mobiliar stammt teilweise aus dem Besitz von König Dom José I. und seiner Frau Dona Maria. Auch die Kutsche im Untergeschoss gehörte dem König. Das schöne Café im Innenhof des ersten Stocks lädt zu einer von Straßenhändlern unbehelligten Pause ein.

❯ Lg. das Portas do Sol, 2, Tram 28 u. 12 bis Lg. das Portas do Sol, www.fress.pt, Tel. 218814600, Di.–So. 10–17 Uhr, Eintritt 4 €, Führung 8 €

🔼 *São Vicente de Fora: Kachelschmuck und gute Aussicht*

▶ *Dienstags und samstags ist hinter dem Pantheon Flohmarkt*

16 Kirche und Kloster São Vicente de Fora ★★ [Y20]

Das Kloster ist die Grabstätte des Königshauses von Bragança (1640–1853). Über 50 Könige und Familienmitglieder der letzten portugiesischen Dynastie sind im Refektorium in steinernen Sarkophagen aufgebahrt. Von der großen Dachterrasse bezaubert die Aussicht auf Lissabon und den Tejo über den mit Azulejos verzierten Kreuzgang hinweg.

Im Jahr 1147 legte Portugals erster König Dom Afonso Henriques den Grundstein für die Kirche zu Ehren des heiligen Vincent, und zwar außerhalb der Stadtmauern – daher der Namenszusatz de Fora („von draußen"). Philipp II. von Spanien ließ Kirche und Kloster 1582 errichten, die **größten und höchsten Sakralbauten der Stadt.** Nach dem Großen Erdbeben von 1755, bei dem das Kuppelgewölbe hinabstürzte und Betende erschlug, wurden sie in prunkvollem Barock wiederaufgebaut, doch die harmonische Symmetrie der **Renaissance-Fassade** blieb erhalten. In einer Seitenkapelle ruht ein deutscher Kreuzritter, Henrique Alemaõ, der bei der Rückeroberung von den Mauren mitkämpfte.

Azulejo-Fans ist ein Besuch des **ehemaligen Augustinerklosters** nebenan zu empfehlen. Die Fliesenbilder aus dem 18. Jh. zeigen die Einnahme Lissabons durch die Mauren, Könige und Jagdszenen. Kurios sind die Motive aus den Tierfabeln des Franzosen Jean de La Fontaine, die in den Klostergängen in Blau-Weiß auf Kacheln illustriert und mit englischen Erläuterungen beschriftet sind.

> Lg. de São Vicente, Tram 28 bis S. Vicente, Di.–Fr. 9–18, Sa. bis 17, So. 15–17 Uhr, Eintritt in die Kirche frei, Kloster 5 €

⑰ Panteão Nacional ★★ [Z20]

Die markante weiße Kuppel des Pantheons prägt die städtische Skyline. Von der Aussichtsterrasse eröffnet sich ein kilometerweiter Blick. Neben Staatspräsidenten, Künstlern und Schriftstellern ruht hier auch die Fado-Legende Amália Rodrigues.

Im 16. Jh. stand an der Stelle des Pantheons die **Igreja de Santa Engrácia**. Und damit beginnt auch schon eine **Verkettung von Legenden und Skandalen**. Die Kirche wurde abgerissen, weil ein konvertierter Jude aus der Sakristei geweihte Hostien gestohlen haben soll. Vielleicht hatte er nur ein Rendezvous mit einer jungen Novizin? Jedenfalls prophezeite der unschuldig zum Tode Verurteilte, die Bauarbeiten an der Kirche würden niemals enden. „Obras de Santa Engrácia" galt in der Umgangssprache fortan als geflügeltes Wort für das recht zähflüssige Voranschreiten so mancher Dinge. Der erste Neubau stürzte 1681 ein und bis das nächste Bauwerk fertig wurde, sollte es mehr als 280 Jahre dauern. Die vom ersten Architekten geplante Kuppel wurde erst Mitte des 20. Jh. gebaut.

042lb Abb.: ps

Der 1916 zur **Begräbnisstätte für nationale Helden** erklärte Bau wurde letztendlich nie als Gotteshaus genutzt. An Heinrich den Seefahrer, Vasco da Gama, den Poeten Luís de Camões und den Entdecker Brasiliens, Pedro Álvares Cabral, erinnern monumentale Kenotaphe – leere, rein symbolische Sarkophage –, während am Sarg der 1999 verstorbenen Fado-Sängerin Amália im Raum rechts neben dem Eingang immer frische Rosen liegen.

> Campo de Santa Clara, Tram 28 bis S. Vicente, Bus 734 bis Campo de Santa Clara, Di.–So. 10–17 Uhr, Eintritt 2,50 €, So. bis 14 Uhr Eintritt frei

Obere Altstadt – der Chiado

Im Chiado gibt sich Lissabon mondän, künstlerisch und natürlich zugleich. Elegante Geschäfte, Galerien und Antiquariate verlocken an der Rua Garrett und in ihren Seitenstraßen zum Shoppen. Fernando Pessoa sitzt als Skulptur wie eh und je vor dem Jugendstil-Eingang des Cafés A Brasileira (s. S. 67). Kulturliebhaber kommen in der Oper und in den Theatern auf ihre Kosten, das Museu do Chiado (s. S. 57) und der Palácio Quintela (s. S. 58) zeigen aktuelle Kunstausstellungen. Auch einige der besten Hotels und Restaurants haben sich im Chiado angesiedelt.

⑱ **Largo do Chiado und Praça Luís de Camões** ★★ [U21]

Die beiden benachbarten Plätze im Herzen des Chiado sind beliebte Treffpunkte nach dem Shoppen oder vor dem Start ins Nachtleben.

Eine lange Rolltreppe führt zum Ausgang der Metrostation Baixa-Chiado mitten auf den Largo do Chiado. Der Platz liegt zwischen der **barocken Kirche Igreja do Loreto** der italienischen Kaufleute und der **Igreja da Encarnação im Rokoko-Stil**. Auf dem Steinsockel gestikuliert mit einem Arm ein Original aus dem 16. Jh. – **António Ribeiro**: Mönch, Volksdichter, Bauchredner und Stimmenimitator mit dem Spitznamen *Chiado* (Piepser), nach dem der Platz benannt ist.

Vom Kiosk an der Praça Luís de Camões schaut man über den ganzen Platz Richtung Rua Garrett hinab. In der Platzmitte steht die **Bronzestatue des Nationaldichters Luís de Camões** (1524–1580), Poet des Goldenen Zeitalters der Entdecker und Eroberer. Nach dem Vorbild von Vergil

verfasste er das bedeutende Volksepos der Renaissance, „Die Lusiaden". Den hohen Sockel auf Treppenstufen umringen Statuen weiterer acht bedeutender portugiesischer Literaten.

> ❯ **Igreja da Encarnação**, Lg. do Chiado, Metro: Baixa-Chiado, tgl. 9–18 Uhr
> ❯ **Igreja do Loreto**, Lg. do Chiado, Metro: Baixa-Chiado, nur bei Messen geöffnet

⑲ **Largo do Carmo** ★★ [V20]

Der kleine Platz mit Brunnen vor dem Convento do Carmo lädt zu einer Pause an Cafétischen ein. Vor der Polizeikaserne endete am 25. April 1974 Portugals Diktatur.

Die putschenden Militärs umzingelten das **damalige Hauptquartier der Nationalmiliz**, in dem sich der Diktator Marcelo Caetano versteckt hielt. Der Platz füllte sich mit Schaulustigen, die stundenlang Parolen riefen, bis sich Caetano geschlagen gab und mit einem Panzer abtransportieren ließ. Zivilisten steckten Nelken an Uniformen und in Gewehrläufe, als Symbol der friedlichen Revolution. Am Largo do Carmo verloren aber später noch vier Menschen ihr Leben, als die Miliz als Antwort auf die Forderung, politische Gefangene freizulassen, Schüsse abgab. Auf dem heute friedvollen Platz sitzt man im Sommer angenehm im Schatten der Jacaranda-Bäume und kann dem Plätschern des Springbrunnens lauschen. Neben dem Convento do Carmen führt ein Übergang zum Elevador de Santa Justa ❺.

▷ Stimmungsvolle Konzertkulisse und Mahnmal einer Naturkatastrophe: das Convento do Carmo

⑳ Convento do Carmo mit Archäologischem Museum ★★★ [V20]

Das gotische Kirchenschiff des Karmeliterklosters Convento do Carmo, seit dem Erdbeben von 1755 (s. Exkurs S. 98) eine Ruine, ist im Sommer manchmal eine bezaubernde Kulisse für Konzerte.

An der Kasse bekommt man eine Liste mit den Skulpturen und Exponaten in der Ruine, größtenteils archäologische Funde aus Portugal, aber auch aus England und der Schweiz. Ein aufgestellter Spiegel ermöglicht originelle Fotoperspektiven in der **dreischiffigen Kirchenruine** mit den erhaltenen gotischen Gewölbebögen.

Zum **Museu Arqueológico do Carmo** gehören auch die restaurierten Räume (14./15. Jh.) des ehemaligen Refektoriums und der Konventsbibliothek. Die Ursprünge der Sammlung gehen auf den Klostergründer **Nuno Álvares Pereira**, einen Heerführer und Adeligen aus dem 14. Jh., zurück, der dem Karmeliterorden angehörte. Im Jahr 1389 veranlasste er auch den Bau der Klosterkirche. So erfüllte er ein Gelübde zum Dank dafür, dass er 1385 in der Schlacht von Aljubarrota die Unabhängigkeit Portugals von Kastilien erringen konnte und damit König Dom João I. den Weg an die Macht bereitet hatte. Ausgestellt sind u. a. Sarkophage, Ausgrabungsfunde aus Portugal und Südamerika, Mumien, Schrumpfköpfe und ein Modell, das zeigt, wie die Kirche vor dem Erdbeben ausgesehen hat.

❭ Lg. do Carmo, 4, Elevador de Santa Justa, Metro: Baixa-Chiado, www.museuarqueologicodocarmo.pt, Tel. 213460473, Juni–Sept. tgl. 10–19, Okt.–Mai tgl. 10–18 Uhr, Eintritt 4 €

043ib Abb.: ps

Ausgehviertel – Bairro Alto

In den Gassen zwischen Rua da Atalaia und Rua do Norte reihen sich Bars, Klubs und Geschäfte aneinander. Tagsüber erholen sich die Bewohner vom Trubel des Nachtlebens. Doch das Viertel ist weit mehr als eine Partymeile. Es bietet grüne Oasen wie den Park Príncipe Real, den Miradouro de São Pedro de Alcântara (s. unten) und den botanischen Garten. Auch Kunstliebhaber können hier echte Entdeckungen machen.

㉑ Largo Trindade Coelho ★ [U20]

Wer an diesem Platz das große Los zieht, hat dies einer kirchlichen Wohltätigkeitsorganisation zu verdanken. Also unbedingt die Statue des Losverkäufers fotografieren und nebenan beten, dass es klappt, mit dem Los.

An der Grenze zum Chiado streichen Einheimische dem **glücksbringenden Losverkäufer** über den Arm oder die

---

KLEINE PAUSE

Romantische Aussichten

Im Schatten der Bäume plätschert am **Miradouro de São Pedro de Alcântara** das Brunnenwasser. Eine Büste erinnert an Eduardo Coelho, den Gründer der Tageszeitung *Diário de Notícias*. Das Bairro Alto war lange Zeit Sitz vieler Verlage und in den Bars des Viertels trafen sich die Journalisten. Zwei Etagen einer geometrischen Gartenanlage bieten eine weite Sicht über die Unterstadt bis zum Burgberg, nach Graça und über den Triumphbogen zum Tejo. Die zweite Ebene, so heißt es, wurde errichtet, um die zahlreichen Selbstmorde aus großer Höhe zu verhindern. Parkbänke und Stühle

am Kiosk laden zum Ausruhen ein. Wer aber meint, am schönsten Aussichtspunkt der Stadt angekommen zu sein, sollte noch den Miradouro de Santa Catarina besuchen (s. Übersicht über alle Miradouros auf S. 90).

★1 [U20] **Miradouro de São Pedro de Alcântara,** Metro: Restauradores, dann Ascensor da Glória

☑ *Einmaliger Rundblick am Miradouro de São Pedro de Alcântara*

044lb Abb.: ps

Schulter, bevor sie ihre Lose kaufen. Ein Teil der kleinen Investition in den Traum vom großen Glück geht an soziale Einrichtungen. Schon seit 1783 bessert die katholische Wohltätigkeitsorganisation Santa Casa da Misericórdia de Lisboa am Platz mit der ersten nationalen Lotterie ihr Budget auf. Ihr gehört seit 1786 auch die ehemalige **Jesuitenkirche São Roque**.

㉒ Igreja und Museu de São Roque ★★★ [U20]

Die prunkvolle Kirche ist dem für Wunderheilungen an Pestkranken verehrten heiligen Rochus von Montpellier geweiht. Die Jesuiten ließen sie ab 1566 von dem italienischen Renaissancebaumeister Filippo Terzi aus Bologna planen. Ein Highlight ist die Kapelle Johannes des Täufers. Auch das Museum ist erstklassig.

Blickfang in der einschiffigen Kirche ist die **Kassettendecke aus Holz**, bemalt mit einem manieristischen Trompe-l'œil. Aus der Kapelle des Vorgängerbaus sind vier Holztafeln eines Altaraufsatzes mit Szenen aus dem Leben des heiligen Rochus erhalten. In den acht Kapellen glitzert es nur so von vergoldetem Schnitzwerk.

Das wertvollste Zeugnis aus der Renaissance ist die **Kapelle Johannes des Täufers** (vorne links). Alle Gemälde zum Leben des Heiligen sind frisch restauriert. Die Kapelle ließ König Dom João V. 1742 in Rom fertigen, vom Papst weihen und auf drei Schiffen nach Lissabon bringen. Zu den zahlreichen an der Gestaltung beteiligten Italienern gehörte auch Nicola Salvi, der Bildhauer des Trevi-Brunnens in Rom. Verwendung fanden Marmor, Jade, Lapislazuli und Elfenbein, finanziert mit Gold aus den Kolonien.

Neben der Kirche lohnt ein Besuch des **Museu de São Roque** im ehemaligen Jesuitenkloster und späteren Armenhaus mit Findelkindstation der Santa Casa da Misericórida de Lisboa. Es zeigt sakrale Kunst, darunter Skulpturen des heiligen Antonius, der heiligen Katharina, einen Reliquienschrein aus Japan und Gemälde. Das Museum bietet auch englischsprachige Führungen durch die Kirche des Convento de São Pedro de Alcântara (2,50 €, ohne Führung gratis), das sich schräg gegenüber befindet.

❯ Lg. Trindade Coelho, Metro: Baixa-Chiado, www.museu-saoroque.com, Tel. 213235444, **Kirche:** Di.–So. 9–18 Uhr, Mo. ab 14 Uhr, Eintritt frei, **Kapelle des hl. Johannes:** Eintritt 1,50 €, **Museum:** Di.–So. 10–18, Mo. ab 14 Uhr, Eintritt 2,50 €

㉓ Convento dos Cardaes ★★★ [T20]

Das Kloster ist noch in Betrieb und zeigt eine faszinierende Kunstsammlung. Es ist empfehlenswert, an einer Führung teilzunehmen.

Im Kreuzgang von 1677 sind die Gräber der letzten Barfüßigen Karmeliterinnen mit Ziffern gekennzeichnet. Nach der von der Königin angeordneten Schließung der Klöster im Jahr 1834 durften die Klausurnonnen bis zu ihrem Tode bleiben. Heute verwaltet der Dominikanerorden das Kloster. Vier Nonnen leben hier und kümmern sich um 40 behinderte Mädchen.

Die Witwe und Gründerin Dona Luísa de Távora (1609–1692), damals eine der reichsten Frauen Lissabons, vererbte dem Kloster ihr Vermögen und veranlasste ihren Neffen, die 1703 vollendete Klosterkirche prunkvoll auszustatten. Bis in 3,40 m Höhe sind die Wände mit **Fayence-**

fliesen aus der Rotterdamer Werkstatt des Fliesenmalers Jan van Oort geschmückt. Insgesamt sind **über 6200 einzelne Kacheln** zu sehen. Sieben der Wandbilder stellen Szenen aus dem Leben der heiligen Teresa von Ávila dar. Besonders reizend ist die Darstellung der spielenden, ringenden oder musizierenden Putten. Hinter dem Eisengitter im oberen Chor nahmen die Nonnen ungesehen am Gottesdienst teil. Dieser Raum ist mit portugiesischen Kacheln aus dem 17. Jh. ausgekleidet, die im Vergleich zu den holländischen Kacheln unten opulenter gestaltet sind. Ein Kuriosum ist die **Reliquie eines Pilgers**, dessen Körper niemals verweste. Die Holzskulptur des vom Kreuz in Marias Schoß fallenden Jesus auf der Treppe zu den Museumsräumen ist so vom Holzwurm angefressen, dass die Körperteile einzeln abzufallen drohen.

Vor über 20 Jahren finanzierten die Nonnen mit einem Weihnachtsmarkt und einer Teeparty die erste aufwendige Restaurierung eines Altars. Das Museum zeigt sogenannte *Freiráticos*, filigrane Handarbeiten aus vergoldetem Papier, die wie Blumen aussehen, eine Mode des 17./18. Jh. Ausgestellt ist auch ein **tragbarer Altar für Schiffsreisen.**

Viele Exponate weisen Einflüsse anderer Kulturen auf, die in die sakrale Kunst integriert wurden. So kann man sich über eine Elfenbeinfigur der Maria mit Mandelaugen wundern. Eine andere Marienfigur besitzt die schlangenhaft-bewegliche Pose einer indischen Tänzerin.

❯ R. do Século, 123, Bus 758 bis Príncipe Real, Tel. 213427525, Mo.–Sa. 14.30–17.30 Uhr, jeden Di. (außer im Aug.) deutsche Führungen, sonst auf Englisch, Eintritt 4 €

㉔ **Reservatório da Patriarcal** ★★ [T19]

Ein Ausflug in die Unterwelt Lissabons lässt sich unter dem beliebten Park Príncipe Real unternehmen – und zwar im wahrsten Sinne des Wortes. In der Mitte des Parks führt eine Treppe hinab in einen riesigen Wasserspeicher aus dem 19. Jh.: den Reservatório da Patriarcal.

Das heutige Museum bietet Führungen durch das **unterirdische Kanalsystem**. Es reicht kilometerweit bis zum Aquädukt (s. Exkurs unten). Die im Sommer angenehm kühlenden Führungen enden nach ca. 40 Minuten auf der oberen Plattform des Miradouro de São Pedro de Al-

Wasser für Lissabon

*Über ihren Aquädukt reden die „Lisboetas" gerne. Mit Vergnügen geben sie die folgende **Legende** zum Besten: Zum Zeichen ihrer Liebe formte eine Wirtin für den Architekten mit beiden Händen ein Herz. Er sah die Bögen seines künftigen Bauwerks vor seinem inneren Auge und bestellte in einer Pastelaria ein Modell aus Zuckerzeug, um den König von seiner Idee zu überzeugen. Ob dies die Ursprünge für eine für das 18. Jh. enorme Ingenieursleistung sind? Jedenfalls war das Wasser in Lissabon knapp und es musste etwas getan werden.*

*Den Bau des **Aqueduto das Águas Livres** („Aquädukt der freien Wasser"), der dem Großen Erdbeben (s. Exkurs S. 98) standhielt, realisierte ab 1731 Cláudio Gurgel do Amaral nach den Plänen des italienischen Architekten Antonio Canevari. Von 1748 bis 1967 floss das Wasser über die neue*

cântara (s. S. 32). Es gibt auch eine **Verbindung bis zum Reservatório da Mãe d'Água das Amoreiras** an der Praça das Amoreiras. Nasse Füße bekommt man nicht, denn die Brunnen im Bairro Alto und im Chiado werden nicht mehr über diese Galerien gespeist. Über 9 m hohe Säulen stützen den Raum des Reservoirs unter dem Príncipe Real, eine versteckte, aber fantastische Kulisse für Ausstellungen, Konzerte und kulturelle Events.

Die Bewohner des Bairro Alto kommen gern zum Lesen und Schwatzen in den kleinen, baumbestandenen **Jardim do Príncipe Real** oberhalb des Wasseresevoirs. Der Kiosk im Schatten einer jahrhundertealten Zeder ist ein beliebter Treffpunkt.

› **Reservatório da Patriarcal,** Jardim do Príncipe Real, Metro: Rato u. Restauradores, Ascensor da Glória, Bus 758 bis Príncipe Real, www.epal.pt, Tel. 218100215, Mo.–Sa. 10–17.30 Uhr, 1 €, Führungen nach tel. Anmeldung Sa. um 11 u. 15 Uhr, Eintritt 3 €

25 Jardim Botânico ★ [T19]

Gegenüber vom Jardim do Príncipe Real liegt der Botanische Garten, der 1878 errichtet wurde. Die Besucher dieser Oase der Ruhe treten sich wahrlich nicht gegenseitig auf die Füße. Der Garten erstreckt sich über 4 ha an einem steilen Hang bis zur Avenida da Liberdade 26 hinunter, hat aber dort keinen Ausgang. Die

*Wasserleitung aus dem 19 km entfernten Queluz in den Stadtteil Amoreiras. Dies war damals die geografisch am schwersten zu überbrückende Strecke für das **städtische Trinkwasser**, das bis heute der 100 km entfernte Rio Alviela liefert. Der höchste der 35 gotisch inspirierten Kalksteinbögen des Bauwerks ist 65 m hoch. Am spektakulärsten überspannt der Aquädukt in 900 m Länge das **Tal von Alcântara.***

*Heute können Besucher wie schon in Wim Wenders Film „Lisbon Story" über den Aquädukt spazieren und die **Aussicht auf das ehemalige Ganovenviertel** genießen (Calçada da Quintinha, 6). Denn nun braucht hier niemand mehr Angt zu haben, von den Raubmördern bestohlen und ins Tal geworfen zu werden.*

*Am Ende des Aquädukts in Amoreiras fing die sogenannte „**Mutter des Wassers" (Mãe D'Água)** das Wasser in einem Speicher auf und verteilte es durch unterirdische Galerien auf*

rund 50 öffentliche Brunnen (chafariz) in der Stadt. Von hier trugen einst fleißige galizische Einwanderer das Wasser in Fässern auf dem Rücken zu den Haushalten. Der Reservatório da Patriarcal 24 in der Oberstadt entstand erst 1860.

*Ende des 19. Jh. verbesserte ein dampfbetriebenes Wasserwerk, die Estação de Barbadinhos, die Wasserversorgung. Dort hat heute das **Wassermuseum** (Museu da Água, s. S. 55) seinen Hauptsitz. Das Nebengebäude beherbergt die moderne Technik der heutigen städtischen Wasserwerke.*

*★2 [R18] **Reservatório da Mãe D'Água das Amoreiras,** Pr. das Amoreiras, 10, Metro: Rato, Bus 774 bis Jardim das Amoreiras, Tel. 213251644, Mo.–Sa. 10–18 Uhr, Eintritt 5 €*

› ***Aqueduto das Águas Livres,** Eingang über Cç. da Quintinha, 6, im Stadtteil Campolide, Bus 702 bis Cç. dos Mestres, 1 €*

vielen Palmen und der **subtropische Baumbestand** imponieren, es gibt auch **Gewächshäuser.**

Viele Pflanzenarten brachten Seefahrer aus fernen Ländern mit, aber auch vorher war der Garten schon ein Ort der Pflanzenforschung, mit der die Mönche als Erstes begannen. Auf dem Weg zum Eingang kommt man an dem historischen Gebäude des **Museums für Naturwissenschaften** der Universität vorbei, wo ab und zu auch Ausstellungen zu anderen Themen zu sehen sind.

❯ R. da Escola Politécnica, 58, Metro: Rato, www.mnhnc.ul.pt, tgl. 9–20 Uhr, im Winter bis 17/18 Uhr, Eintritt Garten: 2 €, Museum: 5 €

Von der Avenida da Liberdade zu den Avenidas Novas

Am Ende des Parque Eduardo VII bietet eine Aussichtsplattform einen Panoramablick zurück über die Avenida da Liberdade bis zum Tejo. Nicht weit entfernt liegen die Museen der Gulbenkian-Stiftung, Magnete für Kunst- und Kulturliebhaber. Die langen Achsen der Avenidas Novas, die sternförmig vom Platz Praça Marquês de Pombal ausgehen, entstanden Anfang des 20. Jh.

zahlreich in den Seitenstraßen liegen, aus. Bei einem Abstecher lassen sich z. B. der **Jazzklub Hot Clube de Portugal** (s. S. 81), das **Filmmuseum Cinemateca Portuguesa** (s. S. 54) und die **Praça da Alegria** [U19] entdecken. Der hübsche Platz mit einem kleinen Park ist dem Komponisten der portugiesischen Nationalhymne „A Portuguesa" gewidmet: Alfredo Keil (1850–1907).

26 Avenida da Liberdade ★★ [U19]

Lissabons Champs-Élysées erstreckt sich von der Baixa über ca. 1,5 km bis zum großen Verkehrskreisel an der Praça Marquês de Pombal. Im Sommer laden Bänke an lichtdurchfluteten Platanenalleen zum Pausieren ein. Abends chillen an den Kiosken die Nachtschwärmer.

Kleine Brücken führen über einen Bachlauf, der noch von der ursprünglichen Gartenanlage aus dem 18. Jh. übrig geblieben ist. Rechts und links der Prachtstraße reihen sich **Nobelhotels und Schaufenster** renommierter Nobelmarkenanbieter aneinander. Mittags schwärmen die Angestellten in die Restaurants, die

27 Casa – Museu Medeiros e Almeida ★★ [T18]

Schöne, kuriose und teure Dinge, die Königinnen und hohem Adel gehörten, sammelte der frühere Besitzer dieser Stadtvilla in einer Seitenstraße der Avenida da Liberdade offensichtlich wie ein Besessener.

Der **Bankier António de Medeiros e Almeida** (1895–1986) legte sein Geld mit Leidenschaft in Kunst und Antiquitäten an. 1972 gründete er eine Stiftung und verwandelte das Haus, in dem er 30 Jahre lang gelebt hatte, in ein Museum. Portugiesische Möbel, chinesisches Porzellan, Terrakottafiguren der Han-Dynastie, holländische und flämische Gemälde aus dem 16. und 17. Jh.,

045lb Abb.: ps

Vasen, Gläser, Tafelsilber, Wandteppiche und Schmuck sind in 25 Räumen auf drei Etagen zu bewundern. Zum Haus gehören eine Kapelle und ein Klaviersaal und der ungewöhnliche, mit Azulejos von 1750 verzierte *Sala do Lago* (Raum des Sees) mit einem italienischen Marmorbrunnen in der Mitte. Vom Sammlerglück des reichen Bankiers zeugt auch die **Standuhrensammlung,** darunter eine Uhr, die Sissi von Österreich gehörte, und die mit einer Öllampe von innen beleuchtete Nachtuhr von Catarina de Bragança, der Frau des englischen Königs Karl II.

❯ R. Rosa Araújo, 41, Metro: Marquês de Pombal, www.casa-museumedeiros ealmeida.pt, Tel. 213547892, Mo.–Sa. 13–17.30 Uhr, Eintritt 5 €

㉘ Parque Eduardo VII und Estufa Fria ★★ [S16]

Die ca. 25 ha große Grünfläche im Anschluss an die Avenida da Liberdade ist ab und zu Schauplatz für Konzerte. Der mit symmetrischen Hecken bepflanzte Park ist die grüne Lunge zwischen der alten und neuen Stadt.

Der Park erhielt seinen Namen nach einem **Staatsbesuch des britischen Königs Edward VII.** im Jahr 1903. Seine Hauptattraktion ist die *Estufa Fria* („Kaltes Gewächshaus"). Die Idee, in einem alten Steinbruch nach damaliger Mode ein Gewächshaus und eine Landschaft mit Brunnen, Teichen und Grotten zu errichten, stammt von dem portugiesischen Maler Raul Carapinha. 1933 eröffnete das Kalthaus, das mithilfe einer Struktur aus Holz so schattig konstruiert ist, dass es im Sommer vor der größten Hitze schützt. Von hier führt ein Kiesweg zu zwei „wärmeren" Gewächshäusern für tropische Pflanzenarten und Kakteen.

Auf dem Hang an der gegenüberliegenden Seite des Parks steht der **Pavilhão Carlos Lopes,** ein 1932 für Sportveranstaltungen eröffneter Stadtpalast, benannt nach einem portugiesischen Athleten. Er ist mit

⌂ *Die Avenida da Liberdade ist im Sommer eine grüne Oase mit viel Schatten*

wertvollen Kachelbildern mit Motiven zur Geschichte der Seefahrer geschmückt, stand lange leer und die künftige Nutzung steht noch in den Sternen.

> **Estufa Fria,** Parque Eduardo VII, http://estufafria.cm-lisboa.pt, Tel. 213882278, Okt.–März tgl. 9–17, April–Sept. tgl. 10–19 Uhr, Eintritt 3,10 €

㉙ Casa – Museu Dr. Anastácio Gonçalves ★ [U14]

Eigenwillige Architektur und erlesener Kunstgeschmack treffen hier zusammen. In seiner Jugendstilvilla sammelte Gulbenkians Augenarzt Gemälde und Antiquitäten.

Das Haus ist eine dezent mit Azulejos verzierte Jugendstilvilla von 1904 mit einem Eisentor in Schmetterlingsform und kunstvollen Bleiglasfenstern, die der erste Besitzer José Malhoa, ein Maler, in Paris bestellte. Bis 1965 wohnte hier der reiche Augenarzt und Sammler Anastácio Gonçalves. Als er starb, wurde das Haus ein staatliches Museum mit rund 2000 wertvollen Kunstobjekten. Im Atelier und in der Galerie hängen Gemälde aus dem 19. und 20. Jh., vor allem von Malhoa und befreundeten Malern. Kenner kommen wegen der bedeutenden Sammlung blau-weißen Porzellans aus China aus dem 16. und 17. Jh. Zu sehen sind zudem wertvolle Möbel, Skulpturen und Münzen.

> **Av. 5 de Outubro, 6/8, Metro: Picoas,** Tel. 213540823, Di.–So. 10–18 Uhr, Eintritt 3 €

▷ *Museu Calouste Gulbenkian: ein Highlight für Kunstliebhaber*

㉚ Museu Calouste Gulbenkian ★★★ [S13]

Hätte Lissabon den Ölmilliardär Calouste Gulbenkian nicht mit gastfreundlichen Armen aufgenommen, hätte die Stadt in Sachen Kunst wesentlich weniger zu bieten. Im Sommer verbringen viele „Lisboetas" gern ihre Mittagspause im weitläufigen Garten der Stiftung mit seinen Wiesen, Bänken und Ententeichen. Beliebt sind auch die Open-Air-Konzerte im Amphitheater der Stiftung.

Der Kunstmäzen Calouste Sarkis Gulbenkian, von armenischen Eltern 1869 bei Istanbul geboren, galt zeitweilig als einer der reichsten Männer der Welt. Er ging als **„Mr. Five Percent"** in die Geschichte ein: Vor dem Ersten Weltkrieg erwarb er auf dem damaligen Gebiet der Türkei die Ölbohrrechte und blieb fortan an allen Ölgeschäften mit 5 % beteiligt. 1902 nahm er die britische Staatsangehörigkeit an. In seinem Pariser Stadtpalast, wo er lange Zeit lebte, sammelte er Kunstschätze. 1942 versuchte die britische Regierung, sein Vermögen zu beschlagnahmen, und Lissabon gewährte ihm Asyl. In seinem Todesjahr 1955 gründete er die **Gulbenkian-Stiftung** und **vererbte der Stadt seine Kunstsammlung** und einen großen Teil seines Vermögens.

Die Stiftung hat ein eigenes Konferenzzentrum, eine Bibliothek, ein eigenes Orchester, vergibt Stipendien und unterstützt Filmproduktionen und Forschungsprojekte. Das **Museu Gulbenkian** eröffnete 1969, zum 100. Geburtstag des Stifters. In einem funktionalen Betonbau führt der Museumsrundgang zeitlich und geografisch geordnet durch 17 Abteilungen. Die ältesten Exponate (2800 v. Chr.) stammen aus Ägypten. Gul-

benkian sammelte klassische Kunst-
werke aus dem alten Rom und Griechenland und hatte ein **Faible für
Kunst aus Armenien und dem Ori-
ent.** Ein Großteil der armenischen Kacheln, Vasen und Teppiche stammt
aus dem 12.–18. Jh. Zu bewundern
sind auch chinesisches Porzellan,
Lackwaren aus Japan und ein japani-
scher Paravent.

Die Säle 7 bis 17 sind der **europäischen Kunst** gewidmet. Zu den Highlights der Bildhauerei zählt eine Jungfrau mit dem Kind, die der Künstler
Jean de Liège im Mittelalter für Karl
V. angefertigt haben soll. Aus dem
18. Jh. stammt die schneeweiße mar-
morne Diana von Jean-Antoine Hou-
don. Gulbenkian besaß auch die
Bronze von Jean d'Aire, Bürger aus
Calais, an der Auguste Rodin elf Jahre gearbeitet hatte. Ausgestellt sind
Werke von Rogier van der Weyden,
Frans Hals, **Rubens, Rembrandt und
van Dyck** ebenso wie von den **Impres-
sionisten** Manet, Monet, Degas und
Renoir. Im zentralen Raum mit deko-
rativer Kunst und Möbeln des 18. Jh.
aus Frankreich und Flandern hängt
ein **riesiger Wandteppich** mit tanzen-
den Putten aus Mantua von 1540.
Mit Gold- und Silberfäden auf Holz
sind Karikaturen von Giulio Romano,
einem Schüler Raffaels, nachempfunden. In Paris gehörte René Lalique zu
Gulbenkians Freundeskreis. Von ihm
erwarb er den **exzentrischen Jugend-
stilschmuck,** den das Museum in
Glasvitrinen in einem eigenen Raum
ausstellt.

Die Stiftung erweitert ihre Sammlung kontinuierlich, engagiert sich
in Kunst und Kultur und legt ihr Vermögen weiterhin gewinnbringend an.
Ein Spaziergang durch den hübschen
Garten führt am **Amphitheater** vorbei zum **Centro de Arte Moderna,** das

1983 eröffnete und heute auf groß-
zügigem Raum Wechselausstellungen zeigt.

❯ **Museu Calouste Gulbenkian,** Av. Berna,
45 A, Metro: S. Sebastião u. Pr. de
Espanha, www.museu.gulbenkian.pt,
Tel. 217823000, Mi.–Mo. 10–18 Uhr,
Eintritt 5 €, So. frei

❯ **Centro de Arte Moderna,** R. Dr. Nicolau Bettencourt, Metro: S. Sebastião
u. Pr. de Espanha, www.cam.gulben
kian.pt, Tel. 217823474, Mi.–Mo.
10–17.45 Uhr, Eintritt 5 €,
So. Eintritt frei

③① ▶ Praça de Touros do Campo Pequeno ★ [U11]

Lissabons **Stierkampfarena** belebt
das moderne Stadtviertel. Sie hat
zwar eine traditionelle Form, ist
aber eine moderne, multifunktiona-
le Eventhalle. Auch Shops und ein
Kino sind in den Bau integriert. Nachdem die alte Stierkampfarena zu
klein geworden war, wurde innerhalb
von zwei Jahren bis 1982 aus roten

Ziegeln eine größere im Neo-Mudéjar-Stil erbaut. Türkisfarbene Türme krönen den Bau. Im Sommer dient die runde Arena mit gut 40 m Durchmesser bis heute als Austragungsort für Stierkämpfe. Anders als in Spanien werden die Stiere in Portugal bei Stierkämpfen nicht getötet. Bei der Renovierung 2006 bekam die Arena ein Dach. Die Tribünen bieten inzwischen auch bei anderen Veranstaltungen, etwa Konzerten, rund 10.000 Menschen Platz.

› Av. da República/Campo Pequeno, Metro: Entrecampos u. Campo Pequeno, Tel. 217998450, Tickets über die Internetseite www.campopequeno.com

EXTRATIPP

Traumhafter Stadtpalast für Azulejo-Fans

Wer für Kacheln schwärmt, sollte die Anfahrt zum **Palácio dos Marqueses de Fronteira** nicht scheuen. Detailgetreu und zuweilen fast wie ein Comic dokumentieren die Azulejo-Wände im *Sala das Batalhas* die Schlachten, die Portugal im 17. Jh. führte, um von Spanien unabhängig zu werden. Die Kacheln im Garten und auf der Terrasse sprechen eher die Sinne an. Sie zeigen Motive aus der griechischen Mythologie, die Jahreszeiten und vermenschlichte Fabeltiere. Der Nachkomme des Marquês wohnt noch im Palast.

★3 [M12] **Palácio dos Marqueses de Fronteira**, Lg. de São Domingos de Benfica, 1, Metro: Jardim Zoológico, dann Bus 770 bis Palácio Marquês de Fronteira, Tel. 217782023, www.fronteira-alorna.pt, Juni–Sept. 10.30, 11, 11.30 und 12 Uhr, Okt.–Mai 11 und 12 Uhr, Eintritt 7,50 €, nur mit Führung auf Englisch

Der Westen

Die Straßenbahn 28 ist das beliebteste Verkehrsmittel für eine Ausflug in den Westen Lissabons, zwischen Chiado und Campo de Ourique. Wer bis zum Palácio de São Bento (Parlamentsgebäude) fährt, kann in der Rua de São Bento neben Antiquitätenläden das Museum der Fado-Legende Amália Rodrigues (s. S. 54) entdecken. Der nächste Halt ist die reich mit Skulpturen geschmückte Kuppelkirche Basílica da Estrela. Es lohnt sich, eine Pause im Jardim da Estrela gegenüber einzulegen, einem der schönsten Parks Lissabons. Weiter den Hügel hoch führt die Straßenbahnlinie durch Campo de Ourique bis zum Friedhof Cemitério dos Prazeres. Mit der Cascais-Linie oder Tram 15 erreicht man weitere Highlights im Westen: das Museu Nacional de Arte Antiga, das Museu do Oriente und die Bars und Restaurants der Docas de Santo Amaro [M24] unter der roten Brücke Ponte 25 de Abril.

32 Basílica da Estrela ★★ [Q20]

Die Kuppel der Basilika der Königin Dona Maria I. ragt als Orientierungspunkt aus Lissabons Häusermeer heraus. Wer fit genug ist, sollte die Wendeltreppe im Glockenturm erklimmen. Erholung verspricht der Jardim da Estrela gegenüber.

Schon von Weitem leuchten die helle Kuppel und die beiden **Türme aus weißem Alcântara-Kalksandstein** der Sternbasilika. Königin Maria I. ließ sie 1779 nach dem Tod ihres Mannes im spätbarocken Stil auf einem Hügel errichten. Die klassizistischen Elemente stammen von Reinaldo Manuel, der auch am Bau des Klosters von Mafra, nordwestlich von

Lissabon, beteiligt war. Die **zahlreichen Marmorstatuen** an der Fassade und im Inneren fertigte die Bildhauerschule von Machado de Castro. Eine der Krippen des Meisters gehört zu den Sehenswürdigkeiten der Kirche. Den Hochaltar gestaltete der italienische Maler Pompeo Batoni.

Bei ihrer Hochzeit mit ihrem Onkel Dom Peter III. im Jahr 1760 hatte Königin Maria I. um die Geburt eines Thronfolgers gebeten und versprochen, zum Dank eine große Kirche und ein Kloster für den Karmeliterorden bauen zu lassen. Sie weihte den Bau dem frommen Herzen Jesu, daher heißt die Basilika auch **Coraçao de Jesus**. Ihr Sohn Dom João starb 1792, zwei Jahre, nachdem die Kirche fertig war. Maria, die vor ihrem Tod im Jahr 1816 wahnsinnig geworden war, liegt heute in ihrem Sarkophag im rechten Querschiff der Basilika.

Die **hohe Kuppel über dem Kreuzgang** lässt viel Licht in das komplett mit weißem, grauem und rosafarbenem Marmor ausgekleidete Gotteshaus. Über eine Wendeltreppe mit 114 Stufen durch einen der Glockentürme kommt man bei einer Führung bis auf das Kirchendach.

Anschließend kann man sich auf den Wiesen am Ententeich im **Jardim da Estrela** (von 1852) ausruhen. Familien des Viertels verbringen Stunden auf dem Spielplatz und alte, tropische Bäume spenden Schatten. Am Musikpavillon gibt es ab und zu Konzerte. Der Kiosk am Teich mit großer Terrasse ist ein beliebter Treffpunkt.

> **Basílica da Estrela**, Lg. da Estrela, Tram 25 u. 28 bis Estrela, tgl. 8–13 u. 15–19 Uhr, bis 17 Uhr alle 30 Min. Führungen auf der Dachterrasse, Eintritt 6 €
> **Jardim da Estrela**, R. da Estrela, Tram 25 u. 28 bis Estrela, im Sommer tgl. 7–24, im Winter tgl. 7.30–22 Uhr

㉝ Casa – Museu Fernando Pessoa ★★ [Q19]

Handgeschriebene Zitate an der Fassade deuten darauf hin, dass hier ein Dichter zu Hause war. Der Schriftsteller Fernando Pessoa (1888–1935) verbrachte in diesem Gebäude zwischen 1920 und 1935 die letzten 15 Jahre seines Lebens.

Original erhalten sind Pessoas Brille, seine Schreibmaschine und 1200 Bücher aus seinem persönlichen Besitz. Das architektonisch moderne Museum dokumentiert seit 1993 mit **Zitaten, historischen Fotos und Büchern** auf drei Etagen Pessoas Lebensweg und literarisches Schaffen. Es ist faszinierend, hier einige Identitäten der insgesamt 17 Heteronyme zu entdecken: Persönlichkeiten, die Pessoa erfand und zu Autoren und Erzählern einiger seiner Werke machte. So ließ er für Ricardo Reis und Ricardo Caeiro sogar ein Horoskop erstellen und gestaltete Visitenkarten für seine multiplen Fantasiegestalten. Die Bibliothek besitzt 19.962 Bücher, darunter Liebesbriefe an Ophélia, die erste und einzige Geliebte Pessoas.

EXTRATIPP

Die Markthalle von Campo de Ourique

Die Markthalle des hübschen Arbeiterwohnviertels, der **Mercado de Campo de Ourique** (s. S. 86), mit Baumalleen, Azulejo- und Art-déco-Fassaden ist ein beliebter Treffpunkt für Gourmets. Zwischen den traditionellen Marktständen kann man Meeresfrüchte, Sushi, Delikatessen, typische Gerichte, Weine und Champagner probieren. Die 1951 erbaute Kirche gegenüber ist typisch für die Architektur unter Salazar.

❯ R. de Coelho da Rocha, 16, Tram 25 u. 28 bis R. Saraiva Carvalho, http://casa fernandopessoa.cm-lisboa.pt, Tel. 213913270, Mo.–Sa. 10–18 Uhr, Eintritt frei

34 Museu Nacional de Arte Antiga ★★★ [Q23]

Besuchermagnet sind das Altarbild „Die Versuchungen des heiligen Antonius" von Hieronymus Bosch, das Porträt des heiligen Hieronymus von Albrecht Dürer und Werke von Hans Holbein, Lucas Cranach, Diego Velázquez und Pieter Brueghel d. J. Auch Meisterwerke der portugiesischen Malerei und dekorative Kunst von Portugal bis Japan sind vertreten.

Sitz des Museums für Alte Kunst ist seit 1984 der ehemalige Palast des Grafen Alvor. Später gehörte das Haus der Familie des Marquês de Pombal. In das Untergeschoss des Neubaus aus den 1940er-Jahren, der sich an den alten Palast anschließt, wurde die mit Azulejos verkleidete **barocke Kapelle des Karmeliterklosters** von 1584 integriert (wird bis 2016 restauriert). Das Museum stellt rund 3000 Werke aus, die übrigen 37.000 lagern in den Archiven unter dem Gebäude. Sie stammen aus dem Besitz der Königsfamilie und des ehemaligen Klosters. Das Museum hat Richtung Tejo einen herrlichen **Skulpturengarten mit Café.**

Zu Beginn des Rundgangs erinnern niedrige Möbelstücke an den Einfluss maurischer Wohnkultur. Neben filigran gearbeiteten indoportugiesischen Möbeln, Tapisserien und kuriosen Behältern für Monstranzen (Hostiengefäße) sind die **japanischen Wandschirme** aus dem 16. Jh. sehenswert. Ein Glanzstück der Kunstfertigkeit portugiesischer Goldschmiede ist

die **Monstranz aus dem Hieronymus-Kloster** 36. Interessant sind diverse Modellvarianten für die Reiterstatue auf der Praça do Comércio 1 – aus Gold, mit Löwen statt Elefanten etc. Der Marquês de Pombal ließ sie, wie seine eigene Statue, von der Bildhauerschule Machado de Castro anfertigen.

Das Museum widmet sich der Forschung und aufwendigen Erhaltung seiner wertvollen Gemäldesammlung europäischer Malerei des 14. bis 19. Jh. Nach zehnjähriger Restaurierung sind **sechs Gemälde des Altars des hl. Vinzenz (15. Jh.)** nun wieder zu bewundern. Man fand sie im Kloster São Vicente de Fora 16. Forscher schreiben das Werk Nuno Gonçalves zu, dem Hofmaler von Dom Afonso V. Bemerkenswert sind die detailgetreuen Porträts der insgesamt 58 Figuren, die den Stadtheiligen umgeben – Mitglieder des Hofstaats, Adels und Klerus. Neben maurischen Rittern, dem Erzbischof von Lissabon, König

EXTRATIPP

LX Factory

In der Sightseeingpause oder am frühen Abend gibt es in der LX Factory einiges zu entdecken. Die Gebäude und das Gelände einer **ehemaligen Textilfabrik** unterhalb der Ponte 25 de Abril **in Alcântara** sind ein alternativer Erlebnisort. Hier gibt es zahlreiche Cafés, Buchläden, Designershops, Restaurants, Bars, eine Kochschule (Kiss the Cook, s. S. 71), Galerien und Möbelgeschäfte. Wer einmal hier ist, erreicht zu Fuß auch die Docas de Santo Amaro am Tejo.

★4 [M23] **LX Factory**, R. Rodrigues Faria, 103, Tram 15E bis Alcântara, www.lxfactory.com, Tel. 213143399, WLAN-Hotspot

Afonso V., Königin Isabel und Heinrich dem Seefahrer hat sich der Maler offenbar auch selbst dargestellt. Das Triptychon der **„Versuchungen des heiligen Antonius" von Hieronymus Bosch** beeindruckt nicht zuletzt durch den Kontrast des Gemäldes, das seinerzeit nur an besonderen Feiertagen zu sehen war, mit der nüchternen, schwarz-weißen Rückseite der Altarklappen, die Kreuzigungsszenen aus Golgatha zeigt. Sehenswert sind auch die Bilder unbekannter portugiesischer Meister, z. B. das Gemälde „Hölle", auf dem entblößte Leiber in einem Kessel schmoren.

❯ R. das Janelas Verdes, Bus 713, 714 u. 727 bis R. das Janelas Verdes (Museu Nacional de Arte Antiga), Cascais-Linie oder Tram 15E bis Santos, www.museu dearteantiga.pt, Tel. 213912800, Di.– So. 10–18 Uhr, Eintritt 6 €

㉟ **Museu do Oriente** ★★ [O23]

Das Orientmuseum an den Docks von Alcântara liegt in einem 100 m langen, modernistischen Gebäude, in dem früher Stockfisch und Obst lagerten. Viele Exponate zeigen den Einfluss der portugiesischen Seefahrt auf die fernöstliche Kunst. So ist z. B. auf einem japanischen Paravent abgebildet, wie die langnasigen Portugiesen ihre Schiffe verlassen.

Für den Bau des Museums investierte die 1988 gegründete **Fundação Oriente**, deren Einnahmen lange Zeit aus den Spielkasinos von Macao stammten, rund 30 Mio. €. Die von der Stiftung auf Auktionen und bei Antiquaren erworbene hauseigene Sammlung umfasst

▷ *Blick vom Friedhof Prazeres zur Cristo-Rei-Statue (s. S. 91)*

Prominentenfriedhof Cemitério dos Prazeres

Entlang den Alleen mit hohen Zypressen reihen sich auf dem Lissaboner Pendant zum Pariser Friedhof Père Lachaise kleine, kapellenartige Häuser aneinander. Sie sind die **Grabstätten reicher und bedeutender Lissabonner Familien** aus Politik, Wirtschaft und Kunst. Ihre Särge und Urnen kommen nicht unter die Erde, sondern in die langen Regale der Familienkapellen. Durch manche Glasfenster oder offene Türen kann man sie sehen. Oft stellen die Hinterbliebenen Fotos, Blumen und persönliche Erinnerungsstücke auf. Einige Tempel dieser Totenstadt sind auch unterkellert, weil die Begräbniskapellen sich als nicht groß genug erwiesen. Seit einer Choleraepidemie 1833 ist das weitläufige Gelände am Hang mit Tejo-Panorama ein Friedhof. Sein Name „Friedhof der Freuden" gibt Rätsel auf. Es heißt, der Friedhof sei lange Zeit ein beliebter Picknickort gewesen.

★5 [O20] **Cemitério dos Prazeres**, Pr. São João Bosco, Tram 25 u. 28 bis Campo de Ourique, Tel. 213961511, Okt.–April tgl. 9–17, Mai–Sept. tgl. 9–18 Uhr

047lb Abb.: ps

1400 Ausstellungsstücke, vorwiegend aus **Indien, Macao, China, Japan und Osttimor** – u. a. indoportugiesische Möbel, handbemaltes Porzellan, Seidengewänder, Holzmasken, Ritterrüstungen, Schwerter und Monstranzen aus der Zeit der Christianisierung Indiens. Alles ist auf Englisch beschriftet und wird in dunklen Sälen in gut ausgeleuchteten Vitrinen präsentiert. Besonderer Stolz des Museums ist eine **Erstausgabe der „Lusiaden" von Luís de Camões aus dem 16. Jh.**, ein Loblied auf die Eroberungsfahrten der Portugiesen im Stil von Homers Odyssee.

Im zweiten Stock widmet sich die **Sammlung Kwok On**, die der französische Sinologe Jacques Pimpaneau zusammentrug, den asiatischen Religionen sowie dem Marionetten- und Schattentheater. Sie umfasst über 13.000 Exponate, gezeigt werden ca. 650 aus allen asiatischen Ländern von der Türkei über Java bis Japan.

❯ Av. de Brasília/Doca de Alcântara, Bus 712, 714 u. 728 bis Alcântara, Tram 15E bis Alcântara, www.museu dooriente.pt, Tel. 213585200, Di.–So. 10–18, Fr. 10–22 Uhr, Eintritt 6 €, Fr. 18–22 Uhr Eintritt frei

Belém

Statt großer Karavellen liegen in Belém heute Segeljachten vor Anker. An der weitläufigen Promenade am Tejo weht meist eine frische Brise. Erstbesucher kommen in Belém um einen Museumsmarathon kaum herum. Das Mosteiro dos Jerónimos (Hieronymus-Kloster) und der Torre de Belém gehören zu den Highlights des in Portugal einzigartigen manuelinischen Stils (s. Exkurs S. 48). Vor dem Präsidentenpalast steht bewegungslos die Palastwache. Eine berühmte Kutschensammlung (s. S. 58) und der Königspalast von Ajuda oberhalb von Belém erinnern an die Glanzzeiten der Monarchie. Moderne Kunst und kulturelle Events bietet das postmoderne Kulturzentrum CCB von 1992 (s. S. 82).

▷ *Manuelinische Säulen im Kreuzgang des Hieronymus-Klosters*

㊱ Mosteiro dos Jerónimos ★★★ [G25]

Das Kloster ist der bedeutendste manuelinische Bau Lissabons und seit 1984 UNESCO-Weltkulturerbe. Besonders bezaubernd sind die filigran verzierten Säulen im Kreuzgang. In der Klosterkirche ruhen Vasco da Gama, der Dichter Luís de Camões und die Könige der Dynastie Avis. Elefanten aus Marmor tragen die königlichen Sarkophage. Fernando Pessoa hat man vom Friedhof in Prazeres in den Kreuzgang umgebettet.

Der Entdecker **Vasco da Gama** betete 1497, vor seiner Reise nach Indien, in einer kleinen Kapelle in Belém. Vier Jahre später ließ Dom Manuel I. das Hieronymus-Kloster **zu Ehren der portugiesischen Seefahrer** (s. Exkurs S. 103) errichten. Der Bau zog sich rund 100 Jahre hin. Insgesamt vier Architekten waren daran beteiligt. König Dom Manuel erlebte die Fertigstellung nicht mehr. Der Westflügel, der heute **das Archäologiemuseum** (s. S. 58)

und das **Marinemuseum** (s. S. 56) beherbergt, entstand erst im 19. Jh. Kirche und Kloster sind **dem heiligen Hieronymus geweiht,** dem Gründer des Hieronymitenordens. Die Mönche in Lissabon beteten für den König und gaben den Seeleuten, die vom Strand von Restelo zu ihren Expeditionen aufbrachen, ihren Segen.

Heute erstrecken sich die Fassaden von Kirche und Kloster rund 300 m lang vor der **Parkanlage der Praça do Império.** Damals aber lagen die Gebäude direkt am Tejo und boten den rückkehrenden Seeleuten eine **prunkvolle Kulisse.** Das reich mit Steinmetzarbeiten verzierte Südportal zeigt Szenen aus dem Leben des heiligen Hieronymus, die Jungfrau Maria mit dem Kind sowie Apostel und Engel. Das Westportal mit dem Eingang zur Kirche säumen Skulpturen von Dom Manuel I. und seiner zweiten Frau Maria von Aragón und Kastilien.

Das dreischiffige Kircheninnere ist in 25 m Höhe von einem **gotischen Netzgewölbe** überspannt und äußerst prunkvoll gestaltet. Im Haupt-

chor mit seinen geometrisch angeordneten Gemälden befindet sich das **Mausoleum der Dynastie von Avis.** Die Empore (über den Kreuzgang erreichbar) sorgt für eine optimale Sicht in die Kirche mit ihren imposanten Säulen und Buntglasfenstern.

Schlichter und charmanter wirkt die zweistöckige Galerie des Kreuzgangs um den **begrünten, quadratischen Innenhof.** Alle vier Seiten sind 55 m lang. Ornamente, Meerestiere, Fabelwesen, Kreuze und Königswappen schmücken Mauern und Säulen. Das Refektorium mit Netzgewölbe im Untergeschoss ist mit Kachelbildern zur „Speisung der Fünftausend" geschmückt. Im Kapitelsaal ist der Dichter und Historiker Alexandre Herculano (1810–1877) bestattet.

❯ R. dos Jerónimos, 3, Tram 15E, Bus 201 u. 728 bis Mosteiro dos Jerónimos, Cascais-Linie bis Belém, www.mosteirojeronimos.pt, Okt.–April Di.–So. 10–17.30, Mai–Sept. Di.–So. 10–18.30 Uhr, **Kirche:** Eintritt frei, **Kloster:** 10 €, **Kombiticket mit Torre de Belém:** 12 €, So. bis 14 Uhr frei.

04Blb Abb.: ps

🟥37 Padrão dos Descobrimentos ★★ [G26]

Monumental erinnert das weiße Betondenkmal am Tejo an die Goldene Ära der Seefahrer (s. Exkurs S. 102). Die Dachterrasse bietet einen brillanten Rundumblick. Von hier oben wirkt das Mosaik der Windrose auf dem Vorplatz mit einer Weltkarte in der Mitte besonders imposant. Es hat einen Durchmesser von 50 m und ist ein Geschenk aus Südafrika.

Das Salazar-Regime ließ das „Denkmal der Entdeckungen" 1960 zum 500. Geburtstag von Heinrich dem Seefahrer errichten. Hinter ihm an der Bugspitze stehen an beiden Seiten der Karavelle **33 bedeutende Persönlichkeiten Portugals:** Seefahrer, Entdecker, Schriftsteller, Astronomen und Missionare. Von vorn sieht das Denkmal aus wie ein Kreuz mit Schwert. Ein Aufzug führt auf die 50 m hohe Dachterrasse. Innen werden Ausstellungen zur Stadtentwicklung gezeigt.

❯ Av. de Brasília, Tram 15E, Bus 201 u. 728 bis Mosteiro dos Jerónimos, Cascais-Linie oder Tram 15E bis Belém, März–Sept. tgl. 10–19, Okt.–Feb. Di.–So. 10–18 Uhr, Eintritt 4 €

⌃ *Zuschauer der Tall-Ships-Regatta neben dem Denkmal Padrão dos Descobrimentos*

⌄ *Vor dem Torre de Belém bildet sich bei Ebbe ein kleiner Strand*

Pastéis de Belém

Je nach Tageszeit bilden sich in der Hauptsaison vor der Kasse lange Schlangen bis weit auf den Bürgersteig. Dann vielleicht doch lieber an einen Tisch setzen. **Lissabons wohl bekannteste Konditorei Pastéis de Belém** (s. S. 69) ist eigentlich eine Fabrik und bietet 500 Plätze. Der Ort, wo die Puddingtörtchen nach altem Rezept der Mönche des Hieronymus-Klosters **36** heute wie am Fließband frisch zubereitet werden, zählt zu den meistfotografierten der Stadt. Warm aus dem Ofen schmecken die Minitorten wunderbar, sind aber auch in Schachteln als Mitbringsel zu erwerben. Stilecht isst man sie mit Zimt und Puderzucker.

38 Torre de Belém ★★★ [D26]

Einlaufenden Schiffen wies der Turm früher mit Leuchtfeuern den Weg. Als architektonisches Beispiel für die späte Manuelinik (s. Exkurs S. 48) ist er seit 1983 UNESCO-Weltkulturerbe. Von der Turmterrasse eröffnet sich eine erstklassige Aussicht über den Tejo und zum Atlantik.

König Dom Manuel I. (1469–1521) ließ den Turm und die sechseckige **Bastion in Form eines Schiffsbugs** 1515 bis 1521 auf einer kleinen Insel errichten. Das trutzige Bauwerk überstand das schwere Erdbeben im 18. Jh. (s. Exkurs S. 98). Allerdings veränderte Erdbebenschutt den Flusslauf – und heute führt ein Steg von der Uferpromenade aus zum Eingang. Die frühere Einrichtung ist nicht mehr erhalten, aber im Gouverneurs-, Königs- und Audienzsaal beeindrucken dicke Mauern. Im unteren **Gewölberaum** befanden sich Kanonen und im Keller, der ab der Eroberung 1580 durch die Spanier als Kerker genutzt wurde, standen die Gefangenen oftmals hüfttief im Wasser.

Baumeister Francisco de Arruda zählte zu den renommiertesten Architekten der **Manuelinik.** Typisch für diesen prunkvollen Baustil sind die zahlreichen Wappen, die kleinen Balkone mit Christusritterkreuzen und die **steinernen Taue**, die sich um den Turm winden. Löwen- und Widderköpfe schmücken die Turmkonsolen. Der **berühmte Nashornkopf am Westturm** ist schon etwas verwittert. König Dom Manuel I. bekam einst ein Nashorn aus Indien geschenkt, das als

erstes urkundlich erwähntes Rhinozeros Europas in die Geschichte einging. Der Nachwelt ist es von einem Holzschnitt Albrecht Dürers bekannt. Der König ließ es gegen einen Elefanten kämpfen, um herauszufinden, welches Tier am stärksten ist. Angeblich ergriff der Elefant die Flucht. Dann wollte der König das Nashorn an Papst Leo X. weiterverschenken, doch es ertrank vor der Übergabe bei einer Schiffshavarie vor Italien.

Säulen, Spitzen und stilisiertes Blattwerk im manuelinischen Stil weisen auch die **Marienstatue** Nossa Senhora do Bom Sucesso (heilige Maria des guten Erfolgs) und der sie schützende Baldachin auf. Sie steht an der Stelle, wo sich früher die Leuchtfeueranlage befand. Die **Hauptfassade** ziert das **portugiesische Wappen mit Krone und Armillarsphäre.** Dieses astronomische Gerät zur Darstellung der Bewegung von Himmelskörpern diente der Navigation. Sie wurde zur Insignie von König Dom Manuel I. und zum Symbol der Seefahrernation. Sie ist auch auf der portugiesischen Flagge abgebildet.

› Av. de Brasília, Tram 15E bis Pedrouços, Cascais-Linie bis Belém, www.torrebelem.pt, Okt.–April Di.–So. 10–17.30, Mai–Sept. Di.–So. 10–18.30 Uhr, Eintritt 6 €, **Kombiticket mit Mosteiro dos Jerónimos:** 12 €, So. bis 14 Uhr frei

Manuelinik: erst auf den zweiten Blick verspielt

Schiffstaue, die sich um schlanke Säulen winden, Korallen, Anker, Meeresschnecken – aufwendige, fantasievoll-filigrane Steinmetzarbeiten mit ***Motiven aus der maritimen und floralen Welt*** *prägen den manuelinischen Baustil, auch Manuelismus genannt. Benannt ist er nach* ***König Dom Manuel I.*** *(1495–1521). Mit prunkvollen Bauten ließ der Herrscher der mächtigen Seefahrernation Portugal im 15. und 16. Jh. den kolonialen Reichtum des Landes zur Schau stellen. In Lissabon blieben bis heute nur zwei Beispiele dieses ureigenen portugiesischen Baustils erhalten: das* ***Hieronymus-Kloster*** *36 und der* ***Torre de Belém*** *38.*

Die Manuelinik am Übergang zur Renaissance setzte der strengen spätgotischen Architektur ihrer Zeit Raffinement und Leichtigkeit entgegen und nahm Einflüsse aus Spanien, Flandern und Italien auf. Inspiration lieferten auch die Eindrücke der Entdecker und Seefahrer. Es lohnt sich, genauer hinzuschauen, denn verspielter Detailschmuck an Fenster- und Türrahmen, Säulen, Decken und Gewölben kontrastiert faszinierend mit schlicht gehaltenen, großflächigen Fassaden.

39 Palácio Nacional da Ajuda ★ [I22]

Nach dem Erdbeben von 1755 ließ König Dom José I. auf dem Hügel Ajuda zunächst aus Holz einen provisorischen Palast erbauen, der im Volksmund „Baracke des Königs" genannt wurde: „Real Barraca".

1796 initiierte König Dom João VI. nach einem Brand den Bau eines neuen Palasts aus Kalkstein. Er war noch nicht fertig, als die königliche Familie 1821 nach 14 Jahren Exil aus Brasilien zurückkehrte.

König Dom Miguel (1802–1866) zog daher in den Palácio das Necessidades, heute Sitz des portugiesischen Außenministeriums. Erst ab 1861 wurde Ajuda unter Dom Luís I. (1838–

1889) zum **Wohnsitz der Königsfamilie**. In den Sälen sind Ölgemälde, Skulpturen, wertvolles Mobiliar, Wandteppiche und Porzellan zu bewundern.

Im **Bankettsaal** finden bis heute **Staatsempfänge** statt. Das Deckenfresko stellt die Geburt von König Dom João VI. dar. Im neogotischen Zimmer von Luís I. stehen wertvolle geschnitzte Möbel.

Der ebenfalls sehenswerte luxuriöse, mit edlem **Meißener Porzellan** geschmückte Sala de Saxe ist ein Geschenk des Königs von Sachsen an Maria Pia von Savoyen, die König Dom Luís I. 1862 heiratete.

> Lg. da Ajuda, Tram 18E u. Bus 760 bis Cç. Ajuda (Palácio), www.palacioa juda.pt, Tel. 213637095, tgl. außer Mi. 10–17.30 Uhr, Eintritt 5 €

Entdeckungen außerhalb des Zentrums

Im Park der Nationen, zur Weltausstellung von 1998 großzügig von vielen renommierten Architekten geplant, zeigt sich Lissabon futuristisch. Santiago Calatrava gestaltete den Bahnhof Oriente direkt gegenüber dem Einkaufszentrum Vasco da Gama. Unmittelbar vor den Toren Lissabons liegen einige schöne Strände. Estoril, Cascais und Sintra sind auch für die „Lisboetas" beliebte Tagesausflugsziele.

☑ *Parque das Nações* **40** : *Tejo-Ufer, Seilbahn und Hotel Myriad (s. S. 126)*

40 Parque das Nações ★★★ [f4]

Die **Expo 98** zum 500. Jubiläum der Entdeckungsreisen von Vasco da Gama (1469–1524) gab Lissabons Stadtentwicklung einen Schub. Verseuchte Böden mussten gereinigt und Milliarden investiert werden, um das neue Stadtviertel auf der Industriebrache einer Hafenanlage zu errichten. **Wasser und Seefahrt**, die zentralen Themen der Weltausstellung, prägten auch die moderne Architektur. Viele Wasserflächen und Springbrunnen lockern sie auf.

051b Abb.: ps

Zwei 110 m hohe Büro- und Wohntürme sind nach den Schiffen Vasco da Gamas „São Rafael" und „São Gabriel" benannt. In dem 145 m hohen **Torre Vasco da Gama** am nördlichen Ende der Seilbahn eröffnete das Fünfsternehotel Myriad (s. S. 126). Dahinter schließt sich die große **Grünanlage Parque Tejo** an.

Der portugiesische Architekt Regino Cruz lieferte den Entwurf des **runden Pavilhão Atlântico**, heute die große Eventhalle **MEO Arena** (s. S. 83) mit 16.500 Plätzen. Ein langer Wasserlauf trennt den Pavillon von den Nordhallen, die Lissabons Messe beherbergen – die Feira Internacional de Lisboa. Ein Kasino eröffnete 2006 in dem überdimensionierten ehemaligen „Pavillon der Zukunft". Manchmal ist es Schauplatz für Livekonzerte. Kinder können mit den Eltern oder der Schule das **Wissenschafts- und Technikmuseum** besuchen.

Die Promenade am Tejo ist im Bereich der Gartenanlage **Jardim Garcia de Orta** vor dem Messegelände am schönsten. Gartenlauben mit Pflanzen aus fernen Ländern, Wasserläufe, Pergolen und Bänke laden zum Verweilen ein. 1998 wurde auch die knapp 18 km lange **Ponte Vasco da Gama** fertig, eine gigantische Brücke mit 160 Pfeilern, die Lissabon mit dem Südufer bei Montijo verbindet, dem Tor zum Alentejo.

Die Seilbahn **Telecabine Lisboa** pendelt auf der über 1 km lange Strecke zwischen dem Jachthafen in der Nähe des Ozeaneums (Passeio de Neptuno) und dem Torre Vasco da Gama im Norden des Parks (Passeio das Tágides). Wer in 20 m Höhe in einer Gondel am Tejo entlangschwebt, hat nicht nur eine gute Sicht, sondern mit ruhiger Hand auch beste Fotomotive.

❯ **Seilbahn,** Parque das Nações, Metro: Oriente, www.portaldasnacoes.pt, Mo.–Fr. 10–19, Sa./So. 11–19 Uhr, Hin- und Rückfahrt 5,90 €, einfache Fahrt 3,95 €, Kinder 2 €

㊶ **Oceanário de Lisboa** ★★ [g5]

Der amerikanische Architekt Peter Chermayeff ließ das Aquarium in ein früheres Hafenbecken bauen. Haie und Rochen schwimmen hautnah an den großen Fenstern des Hauptbeckens vorbei. Ebenso begeistern Pinguine und Otter in den draußen für sie geschaffenen Lebensräumen.

5000 m³ Wasser, 1000 m² Grundfläche, rund 8000 Bewohner und 450 Arten – so weit zu den Zahlen.

EXTRATIPP **Ausflug nach Sintra**

Am besten mit dem Auto macht man einen Tagesausflug nach Sintra, das 20 km von Lissabon in einer grünen Berglandschaft liegt und zum Weltkulturerbe der UNESCO zählt. Markant erheben sich die beiden Schornsteine der Palastküche des **Palácio Nacional de Sintra** hoch über dem Zentrum. Mit guter Aussicht wandern und picknicken lässt sich zwischen den Ruinen

053lb Abb.: ps

Die meisten Besucher des Aquariums bleiben staunend vor dem **großen Becken in der Gebäudemitte** stehen. Haie, Thunfische und Sardinen können sie vielleicht selbst bestimmen. Der kugelrunde, glatte und silbrig glänzende Mondfisch mit seiner nach oben ragenden Rückenflosse ist schon schwerer zu identifizieren.

Bei einem Rundgang lernt man die Lebensräume und typischen Bewohner von Nordatlantik, Pazifik, Indischem Ozean und Südpolarmeer kennen. Neben den Großfischen faszinieren auch kleinere Arten wie bunt schillernde Quallen, filigrane Seepferdchen oder die kuriosen Fetzenfische, die eher aussehen wie Blätter oder Algen.

Kindern bereitet es große Freude, bei der **Fütterung der Tiere** zuzusehen: Mantas und Fische werden tgl. um 13 Uhr versorgt, Rochen Mo., Mi. und Fr. 11.15–11.45 Uhr, Haie Mo. und Fr. 10.30–11 Uhr und die Pinguine und Otter tgl. ab 15 Uhr.

Es werden spezielle **Führungen für Kinder** und **Familienaktivitäten** angeboten, darüber hinaus gibt es **Sonderausstellungen zu verschiedenen Meeresbewohnern,** z. B. zu Meeresschildkröten oder anderen im Wasser lebenden Tierarten.

❯ Esplanada Dom Carlos I, Metro: Oriente, www.oceanario.pt, Tel. 218917002, Sommer tgl. 10–19, Winter tgl. 10–18 Uhr, Dauerausstellung: 14 €, Familien 36 €, Audioguide 2,50 €

der maurischen Festung **Castelo dos Mouros** (siehe Foto unten links). Sie befindet sich in einem Wald hoch über Sintra. Auf einem zweiten Hügel thront der märchenhafte **Palácio Nacional da Pena** (Foto unten rechts). König Dom Fernando II. ließ ihn im 19. Jh. für seine Frau Dona Maria II. von dem Deutschen Wilhelm Baron von Eschwege wie ein portugiesisches Neuschwanstein erbauen.

Wer **mit dem Auto** fährt, kann auf dem Rückweg von Sintra die schöne Küstenstraße über Cascais und Estoril nach Lissabon nehmen.

Mit dem Zug: Vom Bahnhof in Sintra geht es mit Bus 435 ins Zentrum. Bus 434 fährt durch die Altstadt zum Castelo dos Mouros (Palácio Nacional de Sintra, 8,50 €, 9.30–18 Uhr) und bis zum Palácio Nacional da Pena (Palast und Park 11,50 €, nur Park 6,50 €, täglich von 10 bis 18 Uhr geöffnet, letzter Einlass 17 Uhr).

O54lb Abb.: ps

Citynahe Strände

Weite Sandstrände, Dünen und herrliche Wellen, Bars und Fischrestaurants locken vor die Haustür Lissabons an die **Costa da Caparica.** Hier reiht sich von Caparica bis Cabo Espichel auf rund 30 km Länge ein breiter Sandstrand an den nächsten. Mit dem Auto geht es über die Ponte 25 de Abril. Oder man nimmt mit dem Metroticket die Fähre vom Cais do Sodré nach Cacilhas (15 Min. Fahrt, alle 20 Min. 5.30-2 Uhr) und fährt mit dem Bus 135 bis zur Endstation. Wer noch weiter möchte: 10 km am Strand entlang fährt eine offene Bimmelbahn.

Zwei, drei Stunden baden und die alten **Seebäder Estoril und Cascais** besuchen? Dazu lohnt es selbst am Nachmittag noch, vom Cais do Sodré mit dem Vorortzug Linha de Cascais bis Estoril zu fahren. Die ruhigere, auch gut für kleinere Kinder geeignete Sandbucht der **Praia do Tamariz** schmiegt sich an den hübschen Sommerfrischeort mit Kasino. An der rund 2 km langen Meerespromenade mit einigen netten Restaurants am Wasser entlang ist Cascais in ca. 20 Minuten zu Fuß erreicht. In dem netten Badeort mit Jachthafen gibt es drei kleine Strände. Es werden auch Fahrräder verliehen. Bis ca. 1 Uhr fahren Züge nach Lissabon zurück.

Surfer zieht es an etwas weiter entfernte und nicht so leicht mit öffentlichen Verkehrsmitteln erreichbare Strände wie die **Praia do Guincho** auf dem Weg zum aussichtsreichen und felsigen **Cabo da Roca** im Naturpark Sintra-Cascais oder an die **Praia Grande.** Verliebte mögen die romantischen Strände **Praia das Maças** und **Azenhas do Mar.** Von der **Praia do Magoito** blickt man bei Ebbe über zahlreiche Buchten bis nach Ericeira.

☑ Im Sommer trubelig, aber erfrischend: Badepause in Estoril

052lb Abb.: ps

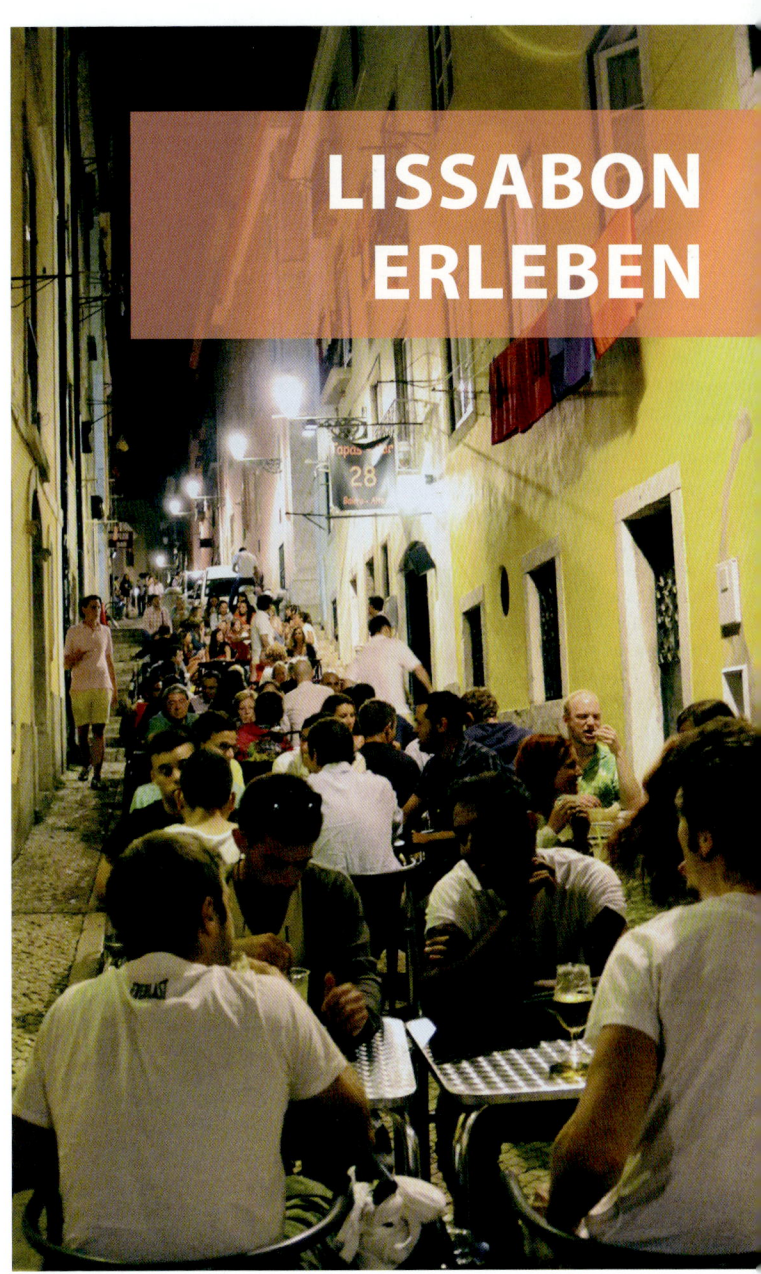

LISSABON ERLEBEN

Lissabon für Kunst- und Museumsfreunde

Über mangelnde Abwechslung brauchen sich Museumsbesucher in Lissabon nicht zu beklagen. Einige der bedeutendsten **Kunstschätze des Landes** sind in den Museen, Kirchen und Klöstern der Hauptstadt zu sehen. Große Teile der Sammung des Museu Nacional de Arte Antiga **34** stammen zum Beispiel aus dem Besitz des portugiesischen Königshauses. Weitere Highlights sind das Museu Calouste Gulbenkian **30** mit der Sammlung des armenischen Ölmagnaten und das Museu Nacional do Azulejo, ein Muss für alle Liebhaber der portugiesischen Kachelkunst.

Lissabons zweites großes Museum für **zeitgenössische Kunst** neben dem Centro de Arte Moderna der Gulbenkian-Stiftung ist das Museu Berardo im Kulturzentrum von Belém. Im Chiado gibt es mit dem Museu do Chiado und dem Palácio Quintela gleich zwei hochkarätige Ausstellungsorte sowie einige Galerien. Das Museum für Mode und Design (MUDE) in der Baixa ist zugleich ein spannendes Beispiel für moderne Altstadtsanierung.

Museen

6 [T21] **Atelier-Museu Júlio Pomar,** Rua do Vale, 7, Tram 28E, Tel. 218172111, http://ateliermuseujuliopomar.pt, Di.–So. 10–18 Uhr, Eintritt frei. Der Architekt Álvaro Siza Vieira aus Porto realisierte einen modernen Bau. Zu sehen sind die Werke des Lissabonner Künstlers Júlio Pomar – Gemälde, Skulpturen, Grafiken, Keramiken ...

◁ *Vorseite: Typisch Lissabon: In den kleinen Gassen des Bairro Alto stehen die Tische im Sommer draußen.*

7 [S19] **Casa – Museu Amália Rodrigues,** R. São Bento, 193, Tram 28 bis R. São Bento, www.amaliarodrigues.pt, Tel. 213971896, Di.–So. 10–13 u. 14–18 Uhr. Eintritt 5 €. In den 5 Zimmern, die Amália Rodrigues rund ein halbes Jahrhundert bewohnte, wurde seit ihrem Tod 1999 kaum etwas verändert. Bühnenkleider, Fotos, Schmuck, Orden, Brillanten und Plateauschuhe geben Aufschluss darüber, was das Leben der verehrten Fado-Sängerin bestimmte.

29 [U14] **Casa – Museu Dr. Anastácio Gonçalves.** In der Jugendstilvilla in Saldanha sind 2000 Sammlerstücke des reichen Augenarztes ausgestellt, darunter Gemälde und chinesisches Porzellan.

33 [Q19] **Casa – Museu Fernando Pessoa.** Das Museum im letzten Wohnhaus Pessoas organisiert Lesungen und Liederabende, verfügt über eine Präsenzbibliothek, u. a. mit deutschen Büchern, und ein schönes Terrassencafé.

27 [T18] **Casa – Museu Medeiros e Almeida.** In der Stadtvilla eines Bankiers macht eine umfangreiche Antiquitätensammlung aus Europa und Übersee mit der Wohn- und Dekorationskultur der portugiesischen Oberschicht vertraut.

10 [X21] **Casa dos Bicos.** Das Museum der Stiftung des Literaturnobelpreisträgers José Saramago bietet auch ein interessantes Eventprogramm.

8 [T18] **Cinemateca Portuguesa,** R. Barata Salgueiro, 39, Metro: Avenida, www.cinemateca.pt, Tel. 213596200, Filmmuseum Mo.–Sa. 12.30–19.30 Uhr, Eintritt frei. Kinomuseum, Programmkino (2 Säle), Ausstellungen und Filme im Original mit portugiesischen Untertiteln. Restaurant mit Terrasse.

9 [R17] **Fundação Arpad Szenes – Vieira da Silva,** Pr. das Amoreiras, 58, Metro: Rato, www.fasvs.pt, Tel. 213841490, tgl. außer Di. 10–18 Uhr, Eintritt 5 €. Das

Museum in einer renovierten ehemaligen Seidenfabrik zeigt Gemälde des portugiesisch-ungarischen Künstlerehepaars, Werke aus ihrer Sammlung sowie Ausstellungen. Maria Helena Vieira da Silva (1908–1992) studierte in Paris Bildhauerei und Malerei und lernte dort ihren Mann kennen, den ungarischen Künstler Arpad Szenes (1897–1985). Sie kamen oft zu Besuch nach Lissabon, verbrachten ihr Leben aber in Paris. Arpad Szenes war Jude. 1940 floh das Paar und lebte bis 1947 in Rio de Janeiro. Beide gelten als bedeutende Vertreter der École de Paris.

10 [W22] **Lisboa Story Centre**, Pr. do Comércio, 78, tgl. 10–20 Uhr, letzter Einlass 19 Uhr, Eintritt 7 €, Kinder 6–15 J. 5 €, die Führung mit Audioguide dauert etwa 1 Std. Spielerisch, interaktiv und mit viel Hightech wird hier Stadtgeschichte für alle Sinne vermittelt. Es riecht nach verschiedenen Gewürzen, man erlebt die Erschütterungen des Erdbebens von 1755 nahezu physisch und erfährt vieles über den Bau der „Baixa Pombalina".

11 [W21] **MUDE – Museu do Design e da Moda**, R. Augusta, 24, Metro: Terreiro do Paço, www.mude.pt, Tel. 218886117, Di.–So. 10–18 Uhr, Eintritt frei. Das Museum für Mode und Design im früheren Gebäude der Banco Nacional Ultramarino in der Fußgängerzone soll künftig mitsamt Dachterasse weiter vergrößert werden. Bei der Modernisierung durch den Architekten Luís Cristino da Silva (1896–1976) blieb die lange Theke der Bank im ersten Stockwerk erhalten. Das weitläufige Museum dokumentiert auf 3 Stockwerken die Geschichte von Fashion und Design ab 1937. Zu sehen sind über 230 Objekte bedeutender Designer von Philippe Starck bis Yves Saint Laurent.

20 [V20] **Museu Arqueológico im Convento do Carmo.** Die gotische Kirchenruine ist eine faszinierende Kulisse und in den Räumen des ehemaligen Klosters ist eine wertvolle Sammlung mit Ausgrabungsfunden zu sehen.

12 [a18] **Museu da Água**, R. Alviela, 12, Bus 735 u. Metro: Santa Apólónia, Tel. 218100215, Mo.–Sa. 10–12.30 und 13.30–17.30 Uhr. Lissabons **Wassermuseum** hat seinen administrativen Hauptsitz im noch funktionierenden Wasserwerk Barbadinhos. Hier ist eine Dauerausstellung zu sehen. Sehr viel zentraler liegen zwei weitere Museumsstandorte: der unterirdische Wasserspeicher **Reservatório da Patriarcal 24** am Platz Príncipe Real und das **Reservatório da Mãe d'Água das Amoreiras** (s. S. 35), wo sich ein Besuch auf dem

Museen, die mit einer magentafarbenen Nummer (**29**) als Hauptsehenswürdigkeit ausgewiesen sind, werden im Kapitel „Lissabon entdecken" ausführlich beschrieben. Dort finden sich auch alle praktischen Informationen wie Adresse, Öffnungszeiten usw.

Igreja und Museu de São Roque 22 blenden die Besucher förmlich mit vergoldeten Holzschnitzarbeiten

Freier Eintritt

Am 1. Sonntag im Monat ist der Eintritt in den staatlichen Museen frei. Generell kostenlos sind die Dauerausstellungen im **Museu Berardo** und im **MUDE**. Auch die Fotoausstellung der privaten Bank **BES Arte & Finança** kostet keinen Eintritt. Interessant sind auch die **kostenlosen Führungen** sowie die archäologische Ausstellung der **Fundação Millennium BCP** in der Rua Augusta.

Dach und im Weinlokal Chafariz do Vinho (s. S. 79) anbietet. Der **Aquädukt Águas Livres** (s. Exkurs S. 34), der zu Spaziergängen einlädt, gehört ebenfalls zu den Standorten des Museu da Água.

🏛 **13** [F25] **Museu Berardo,** Centro Cultural de Belém, Pr. do Império, Tram 15E, www.museuberardo.pt, Tel. 213612878, tgl. 10–19 Uhr, Eintritt frei. Das Museum in dem riesigen Kulturzentrum Centro Cultural de Belém (CCB) zeigt die moderne Kunstsammlung des Unternehmers José Berardo. Mit Werken von Picasso, Dalí, Hans Arp, Marcel Duchamp, Piet Mondrian, Robert Rauschenberg und Andy Warhol werden die wichtigsten Kunstrichtungen des 20. Jh. dokumentiert. Zu sehen sind auch Werke zeitgenössischer portugiesischer Künstler.

🏛 **14** [S7] **Museu Bordalo Pinheiro,** Campo Grande, 382, Metro: Campo Grande, http://museubordalopinheiro.cm-lisboa.pt, Tel. 218170667, Di.–So. 10–18 Uhr, Eintritt 1,50 €. Rafael Augusto Bordalo Pinheiro (1846–1905) war Lissabons genialster Karikaturist des 19. Jh. Er nahm 1900 das portugiesische Staatsdefizit aufs Korn und brachte die Karikatur sogar auf die Kachel. Pinheiro war viele Jahre künstlerischer Direktor der Keramikfabrik Fábrica de Faianças in Caldas da Rainha. Im Bairro Alto

ist neben dem Teatro da Trindade eine Straße nach ihm benannt. Das Museum zeigt Keramiken, Gussformen und Karikaturen des Künstlers.

30 [S13] **Museu Calouste Gulbenkian.** Die Sammlung, die der Ölmilliardär Lissabon vermachte, ist international berühmt.

🏛 **15** [M23] **Museu da Carris,** R. Primeiro de Maio, 101–103, Tram 15E u. Bus 714 bis Estação Sto. Amaro, http://museu.carris.pt, Tel. 213613087, Di.–Sa. 10–18 Uhr, Eintritt 4 €. Neben alten Trams und Exponaten rund um die Eléctricos zeigt Lissabons Straßenbahnmuseum eine kuriose Zusammenstellung verlorener und gefundener Gegenstände.

🏛 **16** [F25] **Museu da Marinha,** Pr. do Império, Bus 15, 751, http://museu.marinha.pt, Tel. 210977388, Di.–So. 9–18 Uhr, Eintritt frei. Gemälde, zahlreiche Modelle der Karavellen portugiesischer Seefahrer, historische Karten und Waffen sind im **Marinemuseum** im Hieronymus-Kloster **36** ausgestellt.

🏛 **17** [R22] **Museu da Marioneta,** R. da Esperança, 146, Tram 15E bis Santos, www.museudamarioneta.pt, Tel. 213942810, Di.–So. 10–13 u. 14–18 Uhr, Eintritt 5 €. Das Marionettenmuseum im Viertel Madragoa zeigt in dem ehemaligen Zisterzienserkloster Convento das Bernardas Marionetten aus Portugal und der Welt. Der Ausgang führt durch den Innenhof mit dem empfehlenswerten Restaurant A Travessa (s. S. 73) im Kreuzgang.

15 [X20] **Museu de Artes Decorativas Portuguesas.** Möbel, Azulejos und Wandteppiche sind Musterbeispiele für die Arbeiten der Vergolder, Kunsttischler und Kachelmaler des 16.–19. Jh.

🏛 **18** [R7] **Museu de Lisboa,** Campo Grande, 245, Metro: Campo Grande, www.museudelisboa.pt, Tel. 217513200, Di.–So. 10–13 u. 14–18 Uhr, Eintritt 2 €. Das **Stadtmuseum** im Palácio Pimenta (18. Jh.), den König João V. seiner Geliebten schenkte, befindet sich in Campo Grande. Es bietet einen guten Überblick über die Geschichte und Entwicklung der Stadt von den ersten Ausgrabungen bis zum Beginn der Republik 1910. Ein großes Modell zeigt Lissabon vor dem Erdbeben von 1755 (s. S. 98). Historische Fotos, Zeichnungen und Stadtpläne, Azulejo-Kunst ab dem 16. Jh., Gemälde und Modelle machen mit römischem Erbe, Kult des hl. Antonius, Entdeckungsreisen, Aquädukt, Fado, Zerstörung und Wiederaufbau vertraut. Im Pavilhão Branco im schönen Garten sind Ausstellungen zu sehen. Das Museum hieß früher Museu do Cidade. Seit 2015 wird Stadtgeschichte auch an vier weiteren Standorten in sanierten und neuen Sälen im Zentrum gezeigt (siehe auch Website): Teatro Romano (s. S. 58), Santo António, Torreão Poente und Casa dos Bicos 🔟.

🟥**22** [U20] **Museu de São Roque.** Das Museum für Sakrale Kunst hat einen Durchgang zu einer der kunsthistorisch wertvollsten Kirchen der Stadt.

🏛**19** [V21] **Museu do Chiado,** R. Serpa Pinto, 4, Metro: Baixa-Chiado, www. museuartecontemporanea.pt, Tel. 213432148, Di.–So. 10–18 Uhr, Eintritt 4,50 €. Der französische Architekt Jean-Michel Willmotte gestaltete das einstmals 1914 im Chiado eröffnete Museum für zeitgenössische Kunst nach dem Brand im Jahr 1994 komplett neu. Im Terrassencafé am Skulpturenhofs treffen sich gern Studenten der Fakultät der Bildenden Künste. Zu sehen sind Wechselausstellungen mit Werken meist portugiesischer Künstler aus der Zeit von 1850 bis heute.

🏛**20** [V21] **Museu do Dinheiro,** Largo de S. Julião, Metro Terreiro do Paço, www. museudodinheiro.pt, Tel. 213213240, Di.–Sa. 10–18 Uhr, Eintritt frei. In der Kirche S. Julião, seit den 1930er-Jahren im Besitz der Banco de Portugal, eröffnete 2016 das Museum des Geldes. Regelmäßig sollen Ausstellungen für zeitgenössische Kunst zu sehen sein, u. a. in den früheren Tresorräumen der Bank. Hier geht es auch zur Ausgrabung der Überreste einer nach König Dinis (1261–1325) benannten Mauer. Er ließ sie im 13. Jh. zum Schutz vor Angreifern am Tejo-Ufer bauen. 2010 wurde sie bei Bauarbeiten wiederentdeckt.

🏛**21** [Y21] **Museu do Fado,** Lg. do Chafariz de Dentro, 1, Metro: Santa Apolónia, Bus 735 bis Alfândega, www.museu dofado.pt, Di.–So. 10–18 Uhr, Tel. 218823470, Eintritt 5 €. In einem umgebauten Wasserwerk aus dem 19. Jh. dokumentiert das Museum mit Plakaten, Fotos, Schallplatten, Gitarren und Videos auf 2 Etagen Fado-Geschichte. Im UG sind Wechselausstellungen zu sehen. An vergangene Zeiten erinnert das nachgebildete Bordell Casa da Mariquinhas. Mit Kopfhörern kann man sich Fado anhören und an interaktiven Bildschirmen über Fado-Legenden informieren. Die Fado-Musikschule des Museums bietet Kurse

EXTRATIPP

Neu am Tejoufer

Das **Elektrizitätsmuseum** im ehemaligen Elektrizitätswerk Central Tejo zieht jährlich 200.000 Besucher an. Regelmäßig zeigt die Fundação EDP hier Kunstausstellungen. Direkt daneben lässt die Stiftung ein neues **Centro de Artes e Tecnologia** errichten. Geplant sind ein Kulturprogramm internationalen Formats, ein Restaurant, Wohnräume für Künstler und Kunstausstellungen. Der spektakuläre Bau erinnert an eine Welle. Davor entstehen Treppen Richtung Fluss zum Sonnen, das geschwungene Dach des Gebäudes soll begehbar werden.

🏛**22** [I25] **Museu da Electricidade,** Av. Brasília, Tram 15E, Bus 724, 727. 2015 wurden die Bauarbeiten vorerst eingestellt.

für portugiesische Gitarre und Fado-Poesie an. Von Juni bis Sept. am Wochenende gibt es Führungen mit Fadosängern durch Alfama und Mouraria.

35 [O23] **Museu do Oriente.** Das Orientmuseum zeigt Kunstschätze aus Fernost.

23 [X21] **Museu do Teatro Romano,** Pátio do Aljube, 5, Tram 28 und 12 bis Sé, www.museudelisboa.pt, Tel. 218820320, Di.–So. 10–18 Uhr, Eintritt frei. Mitten in der Alfama, gegenüber der Kathedrale, sind Ruinen eines römischen Theaters erhalten, das zu Zeiten der Kaiser Augustus und Nero bis zu 5000 Zuschauern Platz bot. 2015 eröffnete hier eine sehenswerte Filiale des Museu de Lisboa (s. S. 56).

24 [F25] **Museu Nacional de Arqueologia,** Pr. do Império, Cascais-Linie oder Tram 15E bis Belém, www.museuar queologia.pt, Tel. 213620000, Di.–So. 10–18 Uhr, Eintritt 5 €, nach Kombitickets fragen: 12–16 €. Das Museum im Hieronymus-Kloster **36** präsentiert archäologische Funde von der Bronzezeit bis zum Mittelalter sowie aus Ägypten.

34 [Q23] **Museu Nacional de Arte Antiga.** Das Museum für Alte Kunst hat einen Skulpturengarten mit Café am Tejo.

25 [b17] **Museu Nacional do Azulejo,** R. Madre de Deus, 4, Bus 718, 742 u. 794 bis Igreja Madre de Deus, www.museu doazulejo.pt, Tel. 218100340, Di.–So. 10–18 Uhr, Eintritt 5 €. Attraktion des Kachelmuseums im ehemaligen Klarissinnenkloster Convento da Madre de Deus ist ein 23 m langes Wandbild aus 1300 Azulejos, das Lissabon vor dem Großen Erdbeben von 1755 zeigt. Das Museum dokumentiert die Entwicklung der Kachelkunst und die Herstellung von Azulejos von der Zeit der Mauren bis ins 19. Jh. Auch die Kreuzgänge und die barocke Klosterkirche sind eindrucksvoll mit Kacheln verziert. Die Cafeteria im früheren Refektorium wartet mit einem hübschen Innenhof auf.

26 [H25] **Museu Nacional dos Coches (1),** Picadeiro Real, Pr. Afonso de Albuquerque, Tram 15E, Bus 714 u. 751 bis Belém, www.museudoscoches.pt, Tel. 213610850, Di.–So. 10–18 Uhr, Eintritt 6 bzw. 4 €. Ein Großteil der königlichen Kutschensammlung ist aus der früheren Reitschule des Königspalasts mit schönem Deckenfresko in den funktionalen Neubau des brasilianischen Architekten Paulo Mendes da Rocha an der Av. da Índia am Tejo-Ufer umgezogen. Sechs Kutschen verblieben im historischen Bau. Im großen Neubau werden auch Sonderausstellungen und Filme gezeigt:

27 [H25] **Museu Nacional dos Coches (2),** Av. da Índia, 136, Tel. 210732319

Ausstellungen

28 [T17] **BES Arte & Finança,** Pr. Marquês de Pombal, 3, Metro: Marquês de Pombal, Tel. 213508975, Mo.–Fr. 9–19 Uhr, Eintritt frei. Sammlung der Banco Espírito Santo (BES) mit ca. 900 Fotos von über 280 Fotografen aus 38 Ländern.

29 [W21] **Fundação Millennium BCP – Núcleo Arqueológico,** R. dos Correeiros, 9, Metro: Terreiro do Paço, Tel. 211131004, Mo.–Sa. 10–12 u. 14–17 Uhr, Eintritt frei. Die Privatbank zeigt Ausstellungen, es gibt Führungen zur Frühgeschichte der Baixa. Bei der Renovierung des Gebäudes in den 1990er-Jahren fand man Spuren phönizischen Besiedlung (8.–5. Jh. v. Chr.), Mosaike, römische Tanks zur Lagerung gesalzenen Fischs, Amphoren und Skelette aus dem Mittelalter.

30 [U21] **Palácio Quintela,** R. do Alecrim, 70, Metro: Baixa-Chiado, www. iade.pt, Mo.–Fr. 10–18 Uhr. Mitten im Chiado, gegenüber der Statue des Schriftstellers Eça de Queirós, zeigt das Institut für Visuelle Kunst, Design und Marketing (IADE) Ausstellungen.

31 [T18] **Sociedade Nacional de Belas Artes,** R. Barata Salgueiro, 36, Metro:

Marquês de Pombal, www.snba.pt, Tel. 213138510, Mo.–Fr. 12–19 Uhr, Eintritt frei. Der Lissabonner Kunstverein präsentiert Ausstellungen und bietet Kurse (z. B. Malerei) an.

Kunstgalerien

32 [T18] **Antiks Design,** R. Mouzinho da Silveira, 2, Metro: Marquês de Pombal, www.antiksdesign.com, Tel. 936443673, Mo.–Sa. 13–22 Uhr. Die große Galerie für moderne portugiesische Kunst und Skulpturen gegenüber der Cinemateca lohnt einen Besuch.

33 [T20] **Manufactura de Tapeçarias de Portalegre,** R. da Academia das Ciências 2 J, Tram 28 bis Estrela (Basílica), www.mtportalegre.pt, Tel. 213421481, Mo.–Fr. 13–19.30 Uhr. Die Galerie zeigt die berühmten Wandteppiche der Manufaktur in Portalegre. Künstler malen die Vorlagen für die von Hand geknüpften Teppiche, die wie Gemälde wirken.

34 [T19] **Trema – Arte Comtemporânea,** R. do Jasmim, 30, Metro: Baixa-Chiado, www.trema-arte.pt, Tel. 218130523, Mo.–Fr. 13–19.30, Sa. 12–19 Uhr. Die Galerie in der Nähe des Parks am Príncipe Real im Bairro Alto vertritt portugiesische Künstler der Gegenwart.

Kunst unter freiem Himmel

Street Art, Murals und Graffitis verleihen seit einer Initiative des Kulturamts im Jahr 2008, der „Galeria de Arte Urbana" (GAU), etlichen grauen Fassaden der Hauptstadt einen besonderen Charme moderner Urbanität. Parkhauswände, Müllwagen, Glascontainer und Mülltonnen wurden bunt bemalt und sind seither beliebte Fotomotive. Wandmalerei-

en machen z. B. die graue Mauer entlang der **Calçada da Glória** [U19/20], wo der Ascensor da Glória zum Bairro Alto hinaufschleicht, zum Blickfang. Im oberen Drittel hat eine Open-Air-Ausstellung ansonsten eher verlorenes Terrain neu erschlossen.

Wer zum Beispiel mit dem Auto über die **Avenida Fontes Pereira de Melo** fährt, sieht eine Gemeinschaftsarbeit des Italieners Blu und der brasilianischen Zwillinge Os Gêmeos, die kurz nach der Ölkatastrophe der Deepwater Horizon im Golf von Mexiko entstand und die komplette Fassade eines leerstehenden Hauses einnimmt. **Über 200 Street-Art-Künstler** aus 20 Ländern hinterließen legale kreative Spuren in der portugiesischen Hauptstadt, die dafür gar nicht mal allzu grellbunt aussieht. Selbst José Saramago samt Ehefrau oder Amália Rodrigues schauen den Betrachter von den Hauswänden an. Illegales Sprayen bestraft die Stadt hingegen mit hohen Bußgeldern für Sachbeschädigung.

› Galeria Arte Urbana (GAU), www.galeriaurbana.com.pt

093Ib Abb.: ps

▷ *Wandmalerei zur Nelkenrevolution*

Lissabon für Genießer

Essen und Trinken

Lissabon hat seit Jahrhunderten eine besondere Beziehung zum Meer – und das spiegelt sich auch in der Küche wider. Die Eroberer der Seefahrernation ernährten sich im 16. und 17. Jh. von gesalzenem und getrocknetem Kabeljau ("bacalhau"), der erst durch stundenlanges Einlegen in Wasser wieder genießbar wurde. In Plastik eingeschweißt, hängt oder liegt der Stockfisch auch heute noch in Supermärkten und kleinen Lebensmittelläden. Für ihren "treuen Freund" ("amigo fiel") kennen die "Lisboetas" mindestens 365 Zubereitungsarten, für jeden Tag eine. Zusammen mit Sardinen ist der "bacalhau" das preiswerteste und traditionsreichste Geschenk der Meere. Darüber hinaus sind die Speisekarten der Tejo-Metropole so vielfältig, dass man selbst über Wochen nicht dasselbe essen müsste.

Ob in den Lissabonner Gourmettempeln oder im einfachen Ecklokal: **Bacalhau** steht auf allen Speisekarten. Und da die *Lisboetas* ihr **Nationalgericht** trotz der kulinarischen Vielfalt in großen Mengen konsumieren, wird er inzwischen größtenteils aus Kanada, Norwegen, Russland und Island importiert. Man muss ihn keineswegs würzen, denn sein Geschmack nach Sonne und Salz gilt nicht als streng, sondern als naturbelassen-pikant. Man isst *bacalhau* gebraten, gedünstet, gekocht und frittiert, nutzt ihn als Grundlage für Suppen und Eintöpfe, genießt ihn mit Reis *(arroz de bacalhau),* als Bällchen, als Füllung in Teigtaschen und zuweilen findet er sogar in Desserts Verwendung.

Die Sardine gehört uns!

Fast ebenso populär ist die **Sardine** *(sardinha),* die im Juni und Juli Saison hat und bei den Festen zu Ehren der *Santos Populares* (Volksheiligen) in jeder Gasse auf jedem Grill liegt. Sie ist die **kulinarische Ikone der Stadt.** Jedes Jahr wird bei einem Wettbewerb die beste künstlerisch gestaltete Sardine prämiert. „A Sardinha é Nossa!" („Die Sardine gehört uns!") – so lautete 2014 der Titel einer Ausstellung in der Galerie der Fundação Millennium (s. S. 58), die die besten Kreationen zeigte. Bezeichnend, denn die Verehrung der Sardine hat eine lange Tradition. Schließlich versorgten die Fischfabriken von Olisipo schon im 1. bis 5. Jh. v. Chr. das Römische Imperium mit Sardinen und anderem Fisch in Keramikamphoren.

Fremdlinge hatten dafür nicht immer Verständnis. So bezeichnete der deutsche Naturwissenschaftler Heinrich Friedrich Link die Sardine im 19. Jh. als „das Gewürz und das Labsal der Armen, oft auch ein Schweinefutter". Heute jedoch lässt sich die Sardine als Gourmetfood genießen, beispielsweise im **Can the Can** (s. S. 71) oder im **Sol e Pesca** (s. S. 79). In der **Conserveira de Lisboa** (s. S. 89) gibt es Sardinen in nostalgischen Konservendosen, bestens geeignet als Mitbringsel für die Lieben daheim.

Aus den Weltmeeren

Liebhaber von Fisch- und Meeresfrüchten kommen in den **Marisqueiras (Meeresfrüchterestaurants)** auf ihre Kosten. Tintenfische, Krebse, Thunfisch, Schwertfisch, Garnelen und Austern sind preislich günstiger als Langusten *(lagostas),* Riesentaschenkrebse *(sapateiras)* und Meeresspinnen *(santolas),* die sich der

071lb Abb.: ps

Gast in vielen Fischrestaurants frisch aus dem Aquarium aussuchen kann. Eine Spezialität ist *tamboril,* grätenloser Seeteufel. Zu den schmackhaften Klassikern zählen *dourada* (Goldbrasse), *robalo* (Seebarsch) und *cherne* (Silberbarsch). *Na brasa* (auf Holzkohle gegrillt) kommt ihr Geschmack am natürlichsten zur Geltung. Beliebt und typisch sind Reiseintöpfe mit Riesengarnelen *(arroz de gambas)* oder Tintenfisch *(arroz de choco* oder *de sepia),* Muscheleintöpfe, z. B. *ameijoas na cataplana* mit Schweinefleisch, Speck und Zwiebeln, sowie Fischeintöpfe *(caldeiradas).*

Vom Steak bis zum Spanferkel

Fleisch gab es früher fast nur an FesttagenInnereien und Reste wurden ebenfalls verwertet. Auf den heutigen Speisekarten stehen daher oft noch Kutteln oder Leber. **Auf Fleischgerichte spezialisierte Restaurants** heißen **Churrasqueiras.** In Lissabon stehen zum Beispiel Rindersteaks *(bife),* Hähnchen *(frango),* Lamm *(borrego)* und Zicklein *(cabrito)* auf der Speisekarte. *Bife à marrare* ist ein Steak, das entweder mit einer Pfeffer-

rahm- oder einer Kaffeesauce zubereitet wird. Mit Rotwein und Knoblauch mariniertes Rindfleisch heißt *alcatra. Mal passado* lautet der Hinweis, wenn man sein Fleisch nur kurz angebraten haben möchte. Eine Spezialität ist auch knusprig gebratenes Spanferkel *(leitão assado).* Taube, Rebhuhn und Wild füllen in der Saison ebenfalls die Teller.

Saisonale Frische

Ob Fisch, Fleisch, Gemüse, Salat oder Gewürze – kein guter Küchenchef lässt sich die Ehre nehmen, frische Produkte der Saison zu verwenden. Und küchenerfahrene *Lisboetas* wissen genau, wann der Kohl für ihre *caldo verde* (Kohlsuppe) reif ist oder wann es *alface* (Kopfsalat) gibt. Nicht umsonst bekamen die Bewohner Lissabons bereits im 18. Jh. den Spitznamen *Alfacinhas* – Salatköpfchen. Im Sommer essen sie wiederum gern Schnecken, z. B. zum kühlen Bier. An

△ *Traditionell designte Fischdosen in der Conserveira de Lisboa (s. S. 89)*

den Kneipen und Restaurants verkünden dann die Schilder: *Há caracóis* („Es gibt Schnecken"). Da schmecken so manchem vielleicht die *tremoços* besser, Lupinenkerne in Salzlake. Man knabbert sie wie Pistazien oder Erdnüsse; die Schale isst man nicht mit.

Regionale Landesküchen

Zu den beliebtesten Gewürzen zählen Knoblauch und Koriander, z. B. für *açorda* (Brei aus gemahlenem alten Brot), der in vielen traditionellen Gerichten mit Fisch, Garnelen, Fleisch oder Gemüse verwendet wird. Die **Regionalküchen des Alentejo**, wörtlich „jenseits des Tejo" im Süden Portugals, **und von Trás-os-Montes** im Norden des Landes, sind im ganzen Land beliebt und auch in der Lissabonner Restaurantlandschaft gut vertreten. Aus dem Gebirge stammt z. B. ein typisches Wintergericht, der Eintopf *cozido à portuguesa*. Er setzt der Fantasie des Kochs keine Grenzen und kann Fleisch, Blutwurst, Schweinefüße, Kartoffeln, Möhren, Erbsen, Kohl und Reis enthalten. Das dunkelhäutige Iberische Schwein *(porco preto)* aus dem Alentejo, das sich von Korkeicheln ernährt, liefert besonders hochwertigen Schinken.

Frischer Wind durch junge, kreative Köche

Deftig und fett ist in der portugiesischen Küche passé. Lissabons junge Gourmetköche setzen auf einfallsreich verfeinerte traditionelle Rezepte. Diese präsentiert zum Beispiel **José Avillez** in seiner TV-Kochshow „JA ao lume" („Jetzt kochen"). Mit Mitte 30 hatte der sympathische Koch bereits eine steile Karriere hinter sich. Er schrieb mehrere Kochbücher und eröffnete im Chiado mehrere Restaurants. Er betreibt u. a. das **Café Lisboa** im Gebäude des Teatro Nacional de Sao Carlos (s. S. 83), die **Mini Bar Teatro** um die Ecke (Rua António Maria Cardoso 58) und sogar eine Pizzeria. Seine Küche im Restaurant **Belcanto** (s. S. 72) zeichnet sich durch Fantasie und Ästhetik aus. Zuweilen mixt Avillez persönlich Martini mit Oliven und Olivenöl zu einem verblüffenden Aperitif.

Während der Deutsche **Joachim Koerper** im **Eleven** (s. S. 72) durch internationale Trends von sich reden macht, setzt der Portugiese **Vítor Sobral** in seiner **Tasca da Esquina** (s. S. 72) auf heimische Qualitätsküche zu erschwinglichen Preisen. Er ist dafür bekannt, die Finessen der Haute Cuisine in der Welt der *petiscos* (Appetithappen) kreativ umzusetzen. Seine kleinen Snacks serviert er täglich in neuen Kombinationen.

Olivier Costa inszeniert nicht nur, was aus seinen Kochtöpfen kommt, sondern versteht sich als Restaurator. Er setzt auf das besondere Design seiner Restaurants (z. B. **Guilty by Olivier**, s. S. 74), mal industriell, mal luxuriös und fürstlich, aber immer bis ins Detail durchgestylt.

Süße Nachspeisen und Pastelarias

Nach dem Hauptgericht sollte man auf jeden Fall Platz für einen Nachtisch *(sobremesa)* lassen. Typisch sind *arroz doce* (Milchreis mit Zimt), *doce de ovos* (eine süße Eierspeise) und *pudim caseiro,* Eierpudding mit Karamellsauce, der dem spanischen *flan* ähnelt. Alles enthält viel Zucker und Eigelb und geht noch auf die **Zeit der Mauren** zurück. Beim traditionellen Klostergebäck *toucinho do céu* („Himmelsspeck") kommen noch Mandeln hinzu. Die zuckersüßen *ovos moles* („weiche Eier") stammen aus dem nordportugiesischen Avei- ro. Natürlich wird als Alternative häufig auch frisches Obst *(fruta)* oder Eis *(gelado)* angeboten.

Günstiger und zeitlich ungebundener als im Restaurant isst man Süßes in Form von köstlichen Kuchen oder Törtchen in den **Pastelarias** (Konditoreien). *Fabrico próprio* bedeutet, dass alles aus der hauseigenen Bäckerei

stammt. Um die berühmten *pastéis de Belém* („süßes Gebäck aus Belém") zu probieren, kommt niemand an dem Stadtviertel vorbei, von dem aus die Entdeckungsreisenden einst ihre Segel setzten (s. S. 102). Dort ist das Original zu haben (s. S. 69). Die in Blätterteig gebackenen Puddingtörtchen sind auch als *pastéis de nata* bekannt. Blätterteig mit Pud-

Kulinarischer Wortschatz und typische Gerichte

Beilagen und Typisches

alface – Kopfsalat

açorda – Brotsuppe aus Brot vom Vortag

manteiga – Butter

pão – Brot

petiscos – portugiesische Tapas („Häppchen")

porco preto – Iberisches Schwein („schwarzes Schwein")

Erlesenes aus dem Meer

mariscos – Meeresfrüchte

santola – Meerspinne

sapateira – Taschenkrebs

camarões – Garnelen

Suppen und Eintöpfe

caldeirada – Fischeintopf mit Gemüse

caldo verde – Grünkohlsuppe („grüne Brühe")

canja – Hühnersuppe (mit Reis)

cozido à portuguesa – Fleischeintopf mit Kohl und Bohnen (portugiesischer Eintopf)

feijoada de chocos – Bohneneintopf mit Sepia

gaspacho – kalte Gemüsesuppe

sopa da pedra – „Steinsuppe" mit Gemüse und Fleisch

sopa de peixe – Fischsuppe

Kleine und große Gerichte

bacalhau à Brás – im Ofen gebackener Stockfisch mit Zwiebeln, Eiern, Kartoffeln und Petersilie

bacalhau com grão – Kabeljau mit Kichererbsen

bacalhau com natas – im Ofen gratinierter Stockfisch in Sahnesauce

bitoque – gegrilltes Steak/Schnitzel mit Pommes, Reis, Spiegelei und Salat

carne de porco à portuguesa – Schweinefleischwürfel mit Oliven und Kartoffeln

carne de porco à Alentejana – Schweinefleischstücke mit Muscheln

chocos com tinta – Tintenfisch in eigener Tinte

frango grelhado – gegrilltes Hähnchen

lulas recheadas – mit Wurst oder Hackfleisch gefüllter Tintenfisch in Tomatensauce mit Reis

peixinhos da horta fritos – panierte, frittierte Stangenbohnen, die aussehen wie kleine Fische („Gartenfischchen")

risol de carne – frittierte Teigtasche mit Fleischfüllung

salada de polvo – Tintenfischsalat

Süßes aus dem Kloster

barrigas de freira – „Nonnenbäuche"

orelhas de abade – „Abtsohren"

papos de anjo – „Engelsbäuchlein"

toucinho do céu – „Himmelsspeck"

ding und Zuckerguss heißt *mil folhas* („tausend Blätter"). Typisch portugiesisch sind auch die *pastéis de feijão*, süß-saftige Törtchen aus Bohnenmehl, und *bolo de Xadrez*, ein Kuchen, der seinen Namen dem schachbrettartigen Muster verdankt.

Getränke

Um sich das passende Getränk zu bestellen, helfen vor allem zwei Schlüsselwörter: *com* (mit) und *sem* (ohne). Das gilt zum Beispiel für **Mineralwasser** *(água mineral)* mit oder ohne Kohlensäure *(gás)* oder für die verschiedenen Varianten des Kaffees (s. kulinarischer Tagesablauf).

Die Getränkeauswahl ist groß, vom nostalgischen Sirupgetränk am *Quiosque de Refresco* (s. S. 66) über Tees aus Übersee bis zu den portugiesischen Weinen. Portwein und Spirituosen sind beliebte Mitbringsel und füllen in der Baixa ganze Läden.

Aufgrund der Temperaturen sind in Restaurants im Sommer leichte Getränke wie Limonade, *capilé* (Sirupmischgetränk), Sangria oder Bier am gängigsten. Wer **Limonade** bestellt, bekommt frisch gepressten Zitronensaft mit Wasser und Zucker.

Bei **Wein** ist man mit dem *vinho da casa*, dem offenen Hauswein, gut beraten, den es in so gut wie jedem Restaurant im *copo* (Glas) oder *jarro* (Krug) gibt. Der *vinho verde* („grüner, junger Wein"), ein frischer **Weißwein aus Nordportugal**, schmeckt ebenfalls fantastisch, wenn auch viele *Lisboetas* lokale **Rotweine aus der Umgebung** bevorzugen. *Maduro* steht für reife Weine, *garrafeira* für lange gelagerte Spitzenweine. Wer nach einer Weinbar sucht, hält nach *Adega* Ausschau. Portugal zählt zu den großen Weinerzeugern Europas und bietet eine besondere Vielfalt an eingesessenen Rebsorten.

Eines der bekanntesten Exportprodukte des Landes ist der **Portwein** *(vinho do Porto)*, eine Mischung aus Branntwein und teilvergorenem Wein mit mindestens 16,4 %-igem Alkoholgehalt. Im Sommer wird Port auch weiß als Aperitif mit Eis angeboten oder als Modecocktail Portonic. Süßer **Moscatel** aus dem Anbaugebiet um Sétubal ist als Dessertwein beliebt.

In kleinen, volkstümlichen Restaurants, den **Tascas**, gibt es zur Verdauung manchmal noch selbstgebrannten *bagaceira* (Schnaps), der es oft in sich hat. Dann vielleicht doch lieber einen klassischen portugiesischen Brandy wie *Macieira* oder einen Antiqua-Weinbrand?

Saúde heißt Prost. Das **heimische Bier** der Hauptstadt stammt meist aus den Brauereien Sagres (seit 2008 zu Heineken gehörig) und Super Bock (Carlsberg-Gruppe). Zu den typischen Biersorten zählen das Helle *(branca)* und das Dunkle *(preta)*. Wer *cerveja* bestellt, bekommt meist Flaschenbier. Günstiger ist das Fassbier: *imperial* (0,2 l), *tulipa* (0,3 l) oder *caneca* (0,4 l). Gruppen können in Brauhäusern eine *girafa* bestellen: 1 Liter vom Fass in einem hohen, schlanken Gefäß, das an ein Reagenzglas erinnert. Ein **Radler**, also ein Bier mit Zitronenlimonade, heißt in Lissabon *panaché*.

Kulinarischer Tagesablauf

Morgens

Wer nicht im Hotel frühstückt, findet in Lissabon eine große Auswahl hübscher Cafés und *Pastelarias* (Konditoreien). Beim Wachwerden hilft ein *bica* (Espresso) oder gar ein doppelter, der *café duplo*. Möchte man einen Schuss Milch zur *bica*, bestellt man sie mit einem *pingo* oder einen *garoto* (Milchkaffee). Die etwas mildere Variante, der große **Milchkaffee**, heißt *meia de leite*. Viele *Lisboetas* bestellen ihn als *galão* (Kaffee mit aufgeschäumter Milch im hohen Glas). Alternativen sind *chocolate quente* (heiße Schokolade) oder *chá* (Tee), z. B. *chá preto* (schwarzer Tee) oder *chá verde* (grüner Tee). Das typische Angebot zum *pequeno-almoço* (Frühstück) besteht aus Sandwiches, Croissants, *torradas* (getoastetes Brot mit Butter) oder *bolos* (Kuchen), etwa *pastéis de nata* (Puddingtörtchen), *queques* (Muffins) oder *bolo de arroz* (Sandkuchen mit Reis).

Mittags

Im Vergleich zu den Spaniern essen die Portugiesen früh zu Mittag. Zwischen 12 und 14 Uhr bieten viele Restaurants **preiswerte Tagesmenüs**. Für das *almoço* (Mittagessen) nimmt man sich Zeit, ob zu Hause oder mit Kollegen im Restaurant. Zum Hauptgericht darf es auch gern ein Glas Wein oder Bier sein und nach dem Dessert folgt wieder ein *bica,* vielleicht sogar *com cheiro* (mit Schnaps). Übrigens, die Portionen sind gerade in einfachen Lokalen oft so groß, dass man besser vorher nachfragt und bei kleinem Appetit nur die Hälfte bestellt – *meia dose.*

Unbedingt probieren: Ginjinha

In ihren „Ginjinha"-Stehbars trinken die *Lisboetas* zu jeder Tageszeit den Sauerkirschlikör *Ginjinha,* kurz *Ginja.* Der 18- bis 20-prozentige dunkelrote Likör wird in Schnapsgläser eingeschenkt. Die Kerne der eingelegten Kirschen darf man – gemäß der Tradition – vor der Tür ungeniert auf den Boden spucken. Statt *com elas* (mit Kirschen) kann man das süße Getränk aber auch ohne Kirschen *(sem elas)* bestellen. Lissabons erste Ginjinha-Bar eröffnete vor fünf Generationen als Familienbetrieb am Largo de São Domingos. Zahlreiche weitere folgten und zählen bis heute zu den beliebtesten Treffpunkten in der Baixa.

35 [V20] **A Ginjinha Espinheira,** Lg. de São Domingos, 8, Metro: Rossio, tgl. 7–24 Uhr

Weitere Traditionsadressen:

36 [V20] **Ginginha do Carmo,** Cç. do Carmo, 37 A, Metro: Restauradores, tgl. 7–24 Uhr

37 [V19] **Ginjinha Popular,** R. Portas de Santo Antão, 61, Metro: Rossio, tgl. 7–24 Uhr

38 [U19] **Ginjinha Rubi,** Av. da Liberdade, 5, Metro: Restauradores, Nähe Ascensor da Glória, tgl. 7–24 Uhr

015lb Abb.: ps

⊳ *Traditionsgetränk und Gaumenfreude: der Kirschlikör aus der Ginjinha Espinheira am Rossio*

Abends

Abendessen *(jantar)* servieren die Restaurants meist von 19 bis 22.30 Uhr. Die meisten Gäste kommen zwischen 20 und 20.30 Uhr, sodass es sich empfiehlt zu reservieren. In den meisten **Fado-Lokalen** beginnt das Essen um 21 Uhr. In einfachen **Tascas** gibt es nur Tagesgerichte und *petiscos* (Appetithäppchen), **Tabernas und Restaurants** bieten meist auch dreigängige Menüs. Ganze Fische und Meeresfrüchte werden nach Gewicht berechnet. Da sonntags nicht gefischt wird, haben die Restaurants montags keinen frischen Fisch.

Im Restaurant

Restaurants in jeder Preisklasse sind in Lissabon leicht zu finden. Die Speisekarte hängt meist vor der Tür oder am Fenster. Eine Tagessuppe und warme Gerichte zum kleinen Preis gibt es auch in den meisten *Pastela-*

KLEINE PAUSE

Kioskkultur in Lissabon: Quiosque de Refresco

Im Jahr 1900 gab es in Lissabon 22 Kioske für Getränke und Snacks. Die Stadt ließ diese Tradition wieder aufleben und heute gibt es sogar schon viel mehr. Man findet die kleinen, meist grünen Pavillons mit einigen Tischen und Stühlen in Parks, auf zentralen Plätzen und an fast allen Miradouros (Aussichtspunkten). Sie sind täglich von 8 bis 24 Uhr geöffnet. An der Avenida da Liberdade legen oft DJs auf und es wird getanzt. Tagsüber gibt es traditionelle Erfrischungsgetränke wie Zitronenlimonade, den Sirup *capilé* (mit Frauenhaarfarnextrakten und Orangenblüten), *groselha* (Johannisbeersaft), Eistee, aber auch Likör, Portwein und Bier. Zu essen gibt es *pastéis de nata,* Sandwiches mit Ziegenkäse, *bacalhau* und Sardinen oder mit Fleisch gefüllte Teigtaschen *(empanadas).*

🔴**39** [U21] **Quiosque de Camões,**
  Pr. Luís de Camões, Tram 28 bis
  Pr. Luís de Camões

🔴**40** [T19] **Quiosque do Príncipe Real,**
  Pr. do Príncipe Real, Metro: Rato

☑ *Ausruhen am Kiosk oder zu Füßen des Dichters Luís de Camões*

016lb Abb.: ps

rias. In Restaurants bekommt man zu Stoßzeiten oft vom Kellner einen Platz zugewiesen. Am Eingang am besten fragen, ob ein Tisch frei ist: *Tem una mesa livre?* Die Preise beinhalten die Bedienung und die Mehrwertsteuer.

Besonders in touristischen Gegenden wird das **Couvert**, z. B. Brot, Oliven, Käse, Pastete, kleine Snacks oder Garnelen, ungefragt serviert und später extra berechnet. Wer das nicht möchte, stellt es einfach an den Tischrand. Mit den Worten *Faz favor* („Bitte sehr") ruft man die Bedienung und mit *A ementa* oder *A lista, por favor* („Die Speisekarte bitte") fragt man nach der Karte, die es oft auch auf Englisch gibt. Die Rechnung *(A conta, por favor)* kommt auf einem Teller, auf dem man auch das **Trinkgeld** *(gorjeta,* ca. 5 %) liegen lässt. Stimmt mit der Rechnung etwas nicht, sollte man diese korrigieren lassen; zur Not fragt man nach dem *livro de reclamações,* dem gesetzlich vorgeschriebenen, offiziellen **Reklamationsbuch.**

Cafés

◯**41** [V21] **A Brasileira,** R. Garrett, 120, Metro: Baixa-Chiado, tgl. 8–2 Uhr, WLAN-Hotspot. Vor Lissabons bekanntestem Café erinnert eine Statue an den Dichter Fernando Pessoa, der hier gern verweilte. Vor dem langen Tresen lassen Besucher die klassizistische Einrichtung – den Prunk vergangener Tage – auf sich wirken.

◯**42** [V20] **A Camponesa,** R. dos Sapateiros, 156, Metro: Baixa-Chiado, Mo.–Fr. 9–22 Uhr. Auf der Suche nach dem Charme des alten Lissabon ist man in diesem Jugendstilcafé von 1907 richtig. Wo einst Milch und Käse verkauft wurden, sitzt man heute vor gekachelten

Lecker vegetarisch

Restaurants für Vegetarier und Veganer sowie Biomärkte gibt es nur vereinzelt. Das Os Tibetanos bietet eine kleine kulinarische Weltreise. Das Jardim dos Sentidos sorgt auch architektonisch für echtes Zen-Feeling.

> **Jardim dos Sentidos** (s. S. 74)
> **Os Tibetanos** (s. S. 75)

Dinner for one

Den Abend allein verbringen oder allein essen? Günstig und gesellig geht es an den **Kiosken** zu. Oder man setzt sich in eines der **Traditionscafés am Rossio** ❻, z. B. ins Fábulas mitten im Chiado. Ein beliebter Treffpunkt sind die Gourmet-Snack-Stände in der Markthalle Mercado da Ribeira am Cais do Sodré (s. S. 86). Musik und Kultur im **Bairro Alto** bieten z. B. das Zé dos Bois und das Portas Largas, ruhige Lounge-Atmo der Pavilhão Chinês.

> **Fábulas** (s. S. 74)
> **Mesa de Frades** (s. S. 80)
> **Nicola** (s. S. 69)
> **Pavilhão Chinês** (s. S. 78)
> **Pensão Amor** (s. S. 78)
> **Portas Largas** (s. S. 78)
> **Sol e Pesca** (s. S. 79)
> **Zé dos Bois** (s. S. 79)

Für den späten Hunger

Bis 24 Uhr bekommt man Snacks an den **Kiosken** und in vielen Lokalen im Bairro Alto. Im Hippie Store an der Avenida da Liberdade gibt es bis Mitternacht Getränke, Zigaretten, Süßes und Grundlebensmittel. Später wird es schwieriger.

> **Doca de Santo** (s. S. 77)
> **Da Velha Senhora** (s. S. 77)
> **Hippie Store** (s. S. 88)
> **O'Gilins** (s. S. 78)

Lokale mit guter Aussicht

Hervorragend ist das Panorama über Lissabon vom Restaurant der **Zirkusschule Chapitô** (s. S. 77) oder vom **Faz Figura** (s. S. 74), von dem man weit über die Alfama blicken kann.

Nah am Tejo sitzt man im **Ponto Final** (s. S. 75) mit Blick auf die Skyline vom anderen Ufer aus.

Auch von den Dachterrassen vieler Hotels (z. B. **Tivoli Sky Bar im Hotel Tivoli Lisboa**, s. S. 127) genießt man einen exzellenten Ausblick, aber dort ist es auch vergleichsweise teuer.

Besonders „in" und eine ruhige Oase einige Etagen über den quirligen Straßen ist das **Park**, eine Bar auf der Dachterrasse eines Parkhauses mit Holztischen und vielen Topfpflanzen. Der Blick reicht über die Glockentürme der Kirche Santa Catarina bis zum Tejo mit der Brücke 25 de Abril. Bis zum späten Abend kann man dort Burger essen, portugiesische Küche ausprobieren, Cocktails trinken und abends legen Djs auf.
➊**46** [T21] **Park**, Calcada do Combro, 58, Tel. 215914011, Di.–Sa. 12–2, So. 13–20 Uhr

---

Wänden mit Motiven des Landlebens. Fotogen ist auch die Azulejos-Fassade.
➌**43** [P19] **A Tentadora**, R. Ferreira Borges, 1, Tram 28 bis R. Saraiva de Carvalho, Mo.–Sa. 7–21 Uhr. Die *Pastelaria* mit Jugendstilfassade in Campo de Ourique lohnt eine Kaffeepause mit Gebäck.
➌**44** [U21] **Bijou do Calhariz**, Lg. Calhariz, 3, Metro: Baixa-Chiado, Mo.–Sa. 7–20.30 Uhr. In der typischen *Pastelaria*

am oberen Ende des Ascensor da Bica schmeckt einfach alles, z. B. die *queques* (Muffins).
➌**45** [W21] **Castella do Paulo**, R. da Alfândega, 120, Metro: Terreiro do Paço, Mo.–Fr. 7.30–19.30, Sa. 12–19.30 Uhr. Ein portugiesisch-japanisches Paar bietet in diesem japanischen Teehaus traditionelles Gebäck an, das bereits im 16. Jh. durch portugiesischen Einfluss in Nagasaki entstand.

47 [V20] **Confeitaria Nacional**, Pr. da Figueira, 18 B/C, Metro: Rossio, www. confeitarianacional.com, tgl. 8–20 Uhr. Das 1829 gegründete Familienunternehmen war zu Zeiten der Monarchie Hoflieferant. An der Theke im Erdgeschoss gibt es köstliches Gebäck, das man zwischen verspiegelten Wänden in historischem Ambiente verspeisen kann. Spezialität des Hauses sind die *bolos de arroz*, eine Art portugiesischer Muffin mit Reismehl. Im Obergeschoss auch warme Küche (Selbstbedienung).

48 [X21] **Cruzes Credo**, R. Cruzes da Sé, 29, Tram 28 u. 12 bis Sé, Di.–So. 10–2 Uhr, Mo. geschlossen, WLAN-Hotspot. In dem charmanten Café mit Steinwänden und Gewölbebögen kann man frühstücken, Kuchen essen oder zum Lunch ein Sandwich mit Orangensaft verspeisen. Es gibt auch Wein, Bier, Tee und Tapas; am Abend läuft meist Electro oder Jazz.

49 [V20] **Nicola**, Lg. do Rossio/Pr. de Dom Pedro IV, 24–25, Metro: Rossio, www.nicola.pt, tgl. 8–24 Uhr, WLAN-Hotspot. Einheimische und Touristen lieben die Aussicht von der Terrasse auf den Rossio. Schon im 18. Jh. war das historische Café ein beliebter Literatentreff. Hier verkehrte u. a. der Dichter Bocage, nach dem auch eine Kaffeemarke benannt ist, erhältlich im Café Nicola Gourmet in der R. 1 de Dezembro, 32.

50 [G25] **Pastéis de Belém**, R. de Belém, 92, Tram 15E, Bus 201 u. 728 bis Mosteiro dos Jerónimos, Cascais-Linie bis Belém, www.pasteisdebelem.pt, tgl. 8–23 Uhr, im Sommer bis 24 Uhr, WLAN-Hotspot. Lissabons berühmte Konditorei ist Namensgeber für die gleichnamigen Puddingtörtchen. Seit 1837 werden sie in der hauseige-

nen Fabrik nach einem alten, geheimen Rezept aus dem Mosteiro dos Jerónimos **36** gebacken. Zudem gibt es weitere süße Spezialitäten, z. B. *Bolo Inglês* oder *Marmelada de Belém* (ebenfalls feines Gebäck), Plätzchenvariationen und Weihnachtsgebäck.

51 [V20] **Pastelaria Suíça**, Lg. do Rossio/Pr. Dom Pedro IV, 96–104, Metro: Rossio, www.casasuica.pt, tgl. 7–21.30 Uhr, WLAN-Hotspot. Das 1922 in einem Eckhaus eröffnete Traditionscafé, in dem man auch warm essen kann, hat eine Terrasse mit Ausblick auf den Rossio, gegenüber vom Nicola, und eine zweite an der Praça da Figueira.

52 [U21] **Quinoa**, R. Alecrim, 52–54, Metro: Baixa-Chiado, Mo.–Sa. 9–19 Uhr. Die aus Berlin und Amsterdam bekannte Kette in einem ehemaligen Antiquitätengeschäft serviert *petiscos* im Café, hat eine Bio-Bäckerei und einen Delikatessenladen.

Preiskategorien

€	Hauptgericht bis 12 €, Menü bis 15 €
€€	Hauptgericht bis 20 €, Menü bis 35 €
€€€	Hauptgericht über 20 €, Menü über 35 €

◁ *Park: Bar mit Weitblick auf dem Dach eines Parkhauses*

Gastro- und Nightlife-Areale
Bläulich hervorgehobene Bereiche in den Karten kennzeichnen Gebiete mit einem dichten Angebot an Restaurants, Bars, Klubs, Discos etc.

⊝**53** [V21] **Vertigo Café**, Tv. do Carmo, 4, Metro: Baixa-Chiado, tgl. 10–24 Uhr. Das schöne Art-déco-Café und Restaurant ist kubanisch inspiriert und antik eingerichtet. An den Wänden hängen Fotos der 1930er- und 1940er-Jahre. Die Küche verwendet biologische Produkte. Große Teeauswahl.

Restaurants

Urig und günstig

⊕**54** [R12] **Adega da Tia Matilde** €, R. Beneficência, 77, Bus 31, www.adegatiamatilde.com, Tel. 217972172, Mo.–Fr. 12–23 Uhr, Sa./So. 12–15.30 Uhr. Viele Touristen verschlägt es nicht in diese nette, traditionelle Tasca mit einfacher Holzeinrichtung und authentischer Küche. Der Name „Tante Matilde" erinnert an die ursprüngliche Besitzerin, die hier in den 1920ern ein Lokal eröffnete.

⊕**55** [V20] **A Licorista O Bacalhoeiro** €, R. dos Sapateiros, 218, Metro: Rossio, Tel. 213431415, Mo.–Sa. 12–15 und 19–22.15 Uhr. Hier sind zwei volkstümliche Restaurants, in denen schon Fernando Pessoa verkehrte, quasi zusammengewachsen. Bacalhau-Gerichte genießen und die historischen Fotos der Kabeljaufischerei betrachten oder in rustikalem Ambiente Likör trinken.

⊕**56** [V20] **A Merendinha do Arco** €, R. dos Sapateiros, 230, Metro: Rossio, Tel. 213425135, tgl. 8–20 Uhr. Das typische Restaurant hinter dem Bogen am Rossio ist wegen seiner köstlichen *petiscos* beliebt. Probieren sollte man

pastéis de bacalhau (Kabeljau-Küchlein), *jaquinzinhos* (kleine gebratene Makrelen), *filete de choco* (Sepia-Filet) und *caracóis* (Schnecken).

⊕**57** [X21] **Lanterna Verde** €, R. de São João da Praça, 45, Metro: Santa Apolónia, Tel. 218884509, tgl. 12–23 Uhr. Herzlich und ursprünglich geht es in diesem kleinen, einfachen Nachbarschaftsrestaurant neben einem Lebensmittelladen in der Alfama zu. Im Juni und Juli, der Sardinensaison, wird schon mittags draußen gegrillt.

⊕**58** [T21] **Santa Bica**, Travessa do Cabral, 37–39, Tel. 218234089, www.santabica.com, Di.–So. 12–2 Uhr. Die Bar in einer früheren Bäckerei hat eine wunderschöne Terrasse am Fuß des Elevador da Bica, wo man sich mit leckerem Wein, Tapas und frischen Reisgerichten mit Gambas auf das Nachtleben einstimmen kann. Bar und Terrasse gehören zu einem sehr netten, modern eingerichteten B&B, das in ehemaligen Fabrikräumen untergebracht ist. Vermietet werden vier helle DZ mit Bad (ab 55 €).

⊕**59** [T19] **Tascardoso** €, R. de O. Seculo, 242, Metro: Rato, Tel. 213475698, Mo.–Sa. 10–24 Uhr. Ab 5 € isst man im Stehen an der Theke mit *Lisboetas*, die gerade Mittagspause haben. Nebenan gibt es einen kleinen Essraum mit ein paar Tischen, die meist besetzt sind.

Fisch und Meeresfrüchte

⊝**60** [V20] **Aqui Há Peixe** €€–€€€, R. Trindade, 18 A, Metro: Baixa-Chiado, www.aquihapeixe.pt, Tel. 213432154, Di–So 9–2 Uhr, Mittagstisch Di.–Fr. 12–15 Uhr. Ein Brasilianer führt das charmante Fischrestaurant mit farbenfroh gestrichenen Wänden unter Gewölbebögen im Chiado. Große Auswahl an Fischsuppen, Reistöpfen und Meeresfrüchtegerichten, aber es gibt auch Fleisch.

⊖**61** [V19] **Gambrinus** €-€€, R. das Portas de Santo Antão, 23, Metro: Rossio, www.gambrinuslisboa.com, Tel. 213421466, tgl. 12–1.30 Uhr. Die Einrichtung der alten Tasca von 1936 stammt aus dem Jahr 1964. Hier lässt es sich unter Buntglasfenstern üppig portugiesisch speisen. Die Fischgerichte und Meeresfrüchte werden stadtweit gelobt.

⊖**62** [U20] **Pap'Açorda** €€€, R. da Atalaia, 57–59, Tel. 213464811, Mo.–Sa. 20–22.30 Uhr. In dem gehobenen Fischrestaurant im Bairro Alto tafelt man unter Kronleuchtern an weiß gedeckten Tischen. An der Bar kann man bei einem Getränk auf einen Tisch warten.

⊖**63** [W18] **Ramiro** €€, Av. Almirante Reis, 1, Metro: Martim Moniz, www.cervejariaramiro.pt, Tel. 218851024, Di.–So. 12.00–0.30 Uhr. Der Vater von Ramiro eröffnete 1956 das bodenständige Brauhaus und Restaurant für Fisch- und Meeresfrüchte. Im OG geht es etwas ruhiger zu. Was auf den Teller kommen soll, kann man sich aus dem Aquarium aussuchen. Wegen der fairen Preise beliebt und meist recht voll.

⊖**64** [U21] **Sea me** €€, R. do Loreto, 21, Metro: Baixa-Chiado, www.peixariamoderna.com, Tel. 213461564, Mo.–Do. 12.30–15.30 u. 19.30–24 Uhr, Fr. 12.30–15.30 u. 19.30–1 Uhr, Sa. 12.30–1 Uhr, So. 12.30–24 Uhr. Hier kann man Fisch- und Meeresfrüchte entweder an der Bar, an den Tischen im Restaurant oder im Hinterhof genießen. Das Konzept der Besitzer: ihre Erinnerung an die urigen Fischhandlungen mit Bar im Stil der heutigen Zeit umsetzen. Auch Take-away.

076lb Abb.: ps

△ Frischer gehts nicht: Sardinengrillen vor dem Lanterna Verde (s. S. 70)

Originell

⊕**65** [W22] **Can the Can** €-€€, Pr. do Comércio, 82–83, Metro: Terreiro do Paço, www.canthecanlisboa.com, Tel. 914007100, tgl. 9–24 Uhr. „Canned food goes gourmet", so das Motto des Restaurants. Sein Name stammt aus einem Suzi-Quatro-Song. Manchmal Livemusik, Fado, Filme oder Events.

⊕**66** [M23] **Kiss the Cook** €€, R. Rodrigues de Faria, 103, www.kissthecook.pt, Tel. 213636314, Reservierungen per Mail über die Website. In dieser beliebten **Kochschule** in der LX Factory (s. S. 42) lernt man, zusammen mit Portugiesen, traditionelle Gerichte zu kochen. Anschließend werden sie gemeinsam bei einem Glas Wein gegessen.

⊕**67** [T21] **Pharmacia** €€, R. Marechal Saldanha, 1, Metro: Baixa-Chiado, Tel. 213462146. Di.–So. 13–1 Uhr. Alte Arzneigefäße und viele Details bis zum Design der Tapete lassen das

Essen in diesem Restaurant zu einem Erlebnis mit medizinischen Impressionen werden. Der Wein steht in weißen Flaschenständern mit rotem Kreuz, zum Abendessen gibt es mehrere typische *petiscos* oder ein mehrgängiges Überraschungsmenü.

Für Feinschmecker

68 [V21] **Belcanto** €€€, Lg. de São Carlos, 10, Metro: Baixa-Chiado, www. belcanto.pt, Tel. 213420607, Di.–Sa. 12.30–15 u. 19.30–23 Uhr. José Avillez erhielt in seiner Zeit im Tavares einen Michelin-Stern. Seit 2011 pflegt er im restaurierten Belcanto seine kreative Gourmettradition. Ein Hit von der Speisekarte ist der Jackson-Pollock-Rochen. Mit Tintenfischtinte und Säften garniert, sieht das Fischgericht aus wie ein Gemälde des Künstlers. Die Nachtischkreation „Mandarin" ist ein Traum.

69 [V21] **Cantinho do Avillez** €€, R. Duques de Bragança, 7, www.cantinho doavillez.pt, Tel. 211992369, Mo.–Fr. 12.30–15 u. 19–24, Sa./So. 12.30–24 Uhr. Sympathisches Understatement, sein Restaurant „Kantine" zu nennen, aber im Vergleich zum Belcanto bietet José Avillez hier tatsächlich einfachere Küche zu moderaten Preisen. Die Basis ist portugiesisch, aber man merkt, dass der Küchenchef viel gereist ist. In die Cocktails kommen Gewürze: „Lisboa" wird aus Wodka, roten Beeren und Ingwer gemixt.

70 [R15] **Eleven** €€€, R. Marquês de Fronteira, Jardim Amália Rodrigues, Metro: São Sebastião, www.restauranteleven. com, Tel. 213862211, Di.–Sa. 12–15 u. 19.30–23.30 Uhr. Innen ein elegantes, minimalistisches Dekor, durch die Glasfensterfront reicht das Panorama vom Hügel oberhalb des Parque Eduardo VII bis in die Unterstadt. Der deutsche Sterne-Chefkoch Joachim Koerper ist für seine Feinschmeckerküche bekannt.

71 [U11] **O Poleiro** €€, R. de Entrecampos, 30 A, Metro: Entrecampos, www. opoleiro.com, Tel. 217976265, Mo.–Sa. 12.15–15 und 19.15–23 Uhr. Traditionelle portugiesische Küche, auf hübschen Keramiktellern mit ästhetischem Anspruch serviert. Das Lokal liegt etwas abseits und wird gern von Politikern und Medienschaffenden besucht.

72 [V7] **Salsa e Coentros** €€, R. Coronel Marques Leitão, 12, Metro: Alvalade, www.salsaecoentros.pt, Tel. 218410990, Mo.–Sa. 12.30–15 und 19.30–23 Uhr. Zwei kreative Köche aus dem Alentejo eröffneten 2005 dieses sympathische Restaurant in Alvalade. Touristen wird man hier kaum begegnen. Bemerkenswertes Preis-Leistungs-Verhältnis und eine hervorragende Auswahl an Weinen.

73 [Q19] **Tasca da Esquina** €€, R. Domingos Sequeira, 41 C, Tram 28 bis Estrela, www.tascadaesquina.com, Tel. 210993939, Di.–Sa. 12.30–15.30 und 19.30–23.30 Uhr. Im Restaurant des renommierten Küchenchefs Vítor Sobral darf man sich von authentischer portugiesischer Küche mit innovativem Touch überraschen lassen.

74 [U21] **Tavares** €€€, R. da Misericórdia, 37, Metro: Baixa-Chiado, www. restaurantetavares.net, Tel. 213421 112, Mo.–Sa. 19.30–23 Uhr. Das im 18. Jh. eröffnete Tavares ist das älteste Restaurant Portugals und das zweitälteste der Iberischen Halbinsel und serviert gehobene portugiesische Küche (fünf Gänge mit Wein um die 110 €). Zu den illustren Gästen zählte auch schon Madonna. Wer sich ein Essen hier lieber sparen möchte, sollte dennoch einen Blick hineinwerfen und die Einrichtung aus Gold und Spiegeln bewundern.

▷ *Reiseintopf mit Meeresfrüchten*

Portugiesische Küche

75 [X21] **Adega Víctor Horta** €€, R. Cais de Santarém, 8, Metro: Terreiro do Paço, Tel. 218825082, Mo.–Sa. 17–2 Uhr. In einem Flügel des Palasts der Grafen von Vila Flor neben dem Casa dos Bicos kann man in mehreren Sälen mit Gewölbe aus rund 100 verschiedenen *petiscos* auswählen und dazu einen passenden Wein der Marke Víctor Horta trinken.

76 [U14] **A Parte** €€, Av. Defensores de Chaves, 14 C, Metro: Saldanha, www.a-parte.com, Tel. 213543068, Mo.–Fr. 12–24, Sa 13–24 Uhr. Hier fühlt man sich zu Gast wie in einem schicken Appartement oder beim Essen in einer ländlichen Küche. Die Besitzer haben jeden Raum anders gestylt und servieren portugiesische Küche mit brasilianischem und teilweise französischem Akzent.

77 [R22] **A Travessa** €€, Tv. do Convento das Bernardas, 12, Cascais-Linie oder Tram 15 bis Santos, www.atravessa.com, Tel. 213902034, Mo.–Sa. 19.30–24 Uhr. Das gehobene Restaurant im Kreuzgang des Klosters, das auch das Marionettenmuseum (s. S. 56) beherbergt, besteht schon seit 1978 und wird gern von Künstlern und Journalisten besucht. Im Sommer sitzt man abends romantisch im Innenhof. Die hochwertige, aber familiäre Küche hat belgischen Einschlag, denn die Besitzerin Vivienne Durieu stammt aus Belgien.

78 [V19] **Casa do Alentejo** €€, R. das Portas de Santo Antão, 58, Metro: Rossio u. Restauradores, www.casadoalentejo.com.pt, Tel. 213405140, tgl. 12–22 Uhr. Der frühere Adelspalast Alverca ist seit 1932 Kulturzentrum der Zuwanderer aus dem Alentejo. Im maurischen Patio fühlt man sich nach Sevilla oder Granada versetzt. Treppen führen hinauf zu mehreren Sälen. In der volkstümlichen *taberna* mit ländlichen Kachelmotiven kommt typische Küche aus dem Alentejo auf den Tisch. Viele Gerichte sind mit *migas* (Brotkrumen) und Knoblauch angereichert. Die Weine kann man im Gourmetshop im EG auch kaufen.

79 [W15] **Cervejaria Portugália** €€, Av. Almirante Reis, 117, Metro: Arroios, www.portugalia.pt, Tel. 213140002, Mo.–Fr. 12–24, Sa./So. 12–1 Uhr. 1912 errichtete Portugália seine erste Brauerei an der Avenida Almirante Reis.

...s die größte Brauerei- und Restaurantkette des Landes und in Lissabon hat sie mehrere Filialen, beispielsweise am Caís de Sodré ([U22], Adressen siehe Website). Das rustikale Restaurant neben der Brauerei erinnert an alte Zeiten und genießt ein gewisses Renommee.

80 [U20] **Cervejaria Trindade** €€, R. Nova da Trindade, 20 C, Metro: Baixa-Chiado, www.cervejariatrindade.pt, Tel. 213423506, Mo.–Do. 10–24, Fr./Sa. 10–1 Uhr. Bereits 1836 richtete ein Galizier im ehemaligen Kloster Trindade ein Brauhaus ein. Im mittelalterlichen Refektorium reihen sich die langen Holztische zwischen Azulejos-Wänden aneinander. Die Kachelbilder repräsentieren die vier Jahreszeiten und die vier Elemente. Nüchterner ist die Einrichtung im Raum dahinter. Bei gutem Wetter lockt der Kreuzgang nach draußen. Es werden Meeresfrüchte, Reiseintöpfe und typische Fisch- oder Fleischgerichte serviert.

81 [V21] **Fábulas** €-€€, Cç. Nova de São Francisco, 14, Metro: Baixa-Chiado, www.fabulas.pt, Tel. 216018472, Mo.–Do. 10–24, Fr.–Sa. 10–1 u. 12–16 Uhr Brunch, So. 12–22 Uhr, WLAN-Hotspot. Auf zwei Terrassen und in mehreren hübschen Räumen mit Gewölbe fungiert das Fábulas als Café, Bar und Restaurant. Die polnische Besitzerin ist Malerin und organisiert zusammen mit ihrem portugiesischen Partner Ausstellungen in dem gemütlichen Sala de Galeria de Arte.

82 [Z20] **Faz Figura** €€, R. do Paraíso, 15 B, Metro: Santa Apolónia, www.fazfigura.com, Tel. 218868981, tgl. 12.30–15 u. 19.30–23 Uhr. Das minimalistisch-modern gestylte Restaurant ist seit über 35 Jahren ein beliebter Klassiker. Es bietet alles, was das Herz begehrt: portugiesische Küche mit innovativem Touch, eine gute Weinauswahl und eine brillante Aussicht über die Dächer der Alfama bis auf den Tejo.

83 [H25] **Floresta de Belém** €€, Pr. Afonso de Albuquerque, 1 A, Tram 15E u. Cascais-Linie bis Belém, http://floresta debelem.com/pt, Tel. 213636307, Mo.–Sa. 11–23, So. 11–16 Uhr. *Feijoada*, ein Eintopf aus Bohnen und Fleisch, gegrillte Sardinen und weitere Fischgerichte gehören zu den Spezialitäten in diesem Restaurant in Belém. Es verfügt über zwei Terrassen.

84 [T18] **Guilty by Olivier** €€, R. Barata Salgueiro, 28 A, Metro: Marquês de Pombal, www.restaurante-olivier.com, Tel. 211913590, tgl. 12.30–15.30 und 19.30–24 Uhr, Sa. Bar bis 4 Uhr. Olivier Costa, einer der Gourmetköche Lissabons, hat hier ein innovatives Restaurant mit Bar geschaffen, das ein gemischtes, jüngeres Publikum anzieht. Man kann sich in industriell anmutenden Räumlichkeiten von der Olivier-Variante von Pizza, Pasta und Hamburger überraschen lassen. An Wochenenden legen ab Mitternacht DJs auf.

85 [U19] **Jardim dos Sentidos** €, R. da Mãe D'Água, 3, Metro: Restauradores, www.jardimdosentidos.com, Tel. 213423670, Mo.–Sa. 12–15 u. 19–22.30 Uhr, samstagmittags und So. geschlossen. Nicht nur wegen des günstigen und vielfältigen Mittagsbuffets ist dieses vegetarische Restaurant eines der beliebtesten der Stadt. Es bietet eine große Auswahl an Tees und einen gemütlichen Garten. Die beiden Freundinnen, die es betreiben, setzen auf Ayurveda und bieten auch Massagen und Behandlungen an.

86 [W21] **Martinho da Arcada** €€, Pr. do Comércio, 3, Metro: Terreiro do Paço, www.martinhodaarcada.pt, Tel. 218879259, tgl. 12–15 u. 19–22 Uhr. 1778 gab es hier einen einfachen Getränke- und Eisladen, ab 1782 entstand ein Café, das etwa 150 Jahre lang politischer Debattierklub, Schreibstube sowie Treffpunkt für Dichter und Denker blieb. Auch Fernando Pessoa soll hier täglich seinen Kaffee mit Schuss getrunken haben. Kaffee trinken geht immer noch, aber es lohnt sich auch, in dem Traditionsrestaurant unter den Arkaden der Praça do Comércio klassische portugiesische Fisch- oder Fleischgerichte zu probieren.

🎧**87 Ponto Final** €-€€, R. Ginjal, 72, Fähre vom Cais do Sodré nach Cacilhas, Tel. 212760743, Mi.–Mo. 12–23 Uhr. Von der Terrasse auf der gegenüberliegenden Seite des Tejo bietet sich ein herrlicher Blick auf Lissabon. Es gibt frischen Fisch, Eintöpfe und andere leckere portugiesische Gerichte.

🎧**88** [V19] **Solar dos Presuntos** €€, R. Portas de Santo Antão, 150, Metro: Rossio, www.solardospresuntos.com, Tel. 213424253, Mo.–Sa. 12–15 u. 19–22.30 Uhr. Künstler, Politiker und Prominente sind Stammgäste in dem gehobenen, aber familiären Restaurant in der Nähe des Ascensor do Lavra. An den Wänden hängen Fotos und Karikaturen. Im ersten Stock ist ein Raum dem Schauspieler Armando Cortez gewidmet, im zweiten Stock dem portugiesischen Theater. Täglich wechselnde portugiesische Küche und dazu passende Weine.

International

🎧**89** [Z20] **Bica do Sapato** €€-€€€, Av. Infante Dom Henrique, Armazém B, Cais da Pedra, Metro: Santa Apolónia, www.bicadosapato.com, Tel. 218810320, Di.–Sa. 12–1, Mo. ab 17 Uhr, Sushi-Bar ab 19.30 Uhr. In dem hypermodernen Bar-Restaurant mit Glasfassade am Tejo in der Nähe des Klubs Lux Frágil (s. S. 82) kann man sich z. B. an Sushi laben. Ab und zu Wechselausstellungen. John Malkovich und Catherine Deneuve sind Gesellschafter ebenso wie die Besitzer des Pap'Açorda, Fernando Fernandes und José Miranda.

🎧**90** [E26] **Darwin's Café** €€€, Av. Brasília, Ala B, Tram 15E bis Alges, www.darwincafe.com, Tel. 210480222, tgl. 12.30–15.30, 16.30–18.30 u. 19.30–23 Uhr (Mo nur bis 16 Uhr). Das Restaurant und Café der Fundação Champalimaud, einer Stiftung für medizinische Forschung, bietet gehobene internationale Küche in einem ansprechend gestylten Setting mit deckenhohen Bücherregalen und Schmetterlingsmotiven auf den Lampen. Man kann auch nur einen Kaffee auf der Terrasse mit Tejo-Rundblick trinken.

🎧**91** [I23] **Espaço Açores** €€, Tr. da Boa Hora à Ajuda, Tram 18E bis Boa Hora, www.espacoacores.com, Tel. 213640881, Di.–So. 12–15 und 19–23 Uhr. Der nette Besitzer des modernen Restaurants in Ajuda, oberhalb von Belém, erklärt die lange Speisekarte mit typischen Gerichten von den Azoren auch auf Englisch.

🎧**92** [U19] **La Paparrucha** €€, R. Dom Pedro V, 18–20, www.lapaparrucha.com, Tel. 213425333, tägl. 12–15 und 17–2 Uhr. Das argentinische Restaurant im Bairro Alto ist etwas für Fleischliebhaber. Es besitzt eine große Terrasse und tolle Panoramafenster mit Aussicht auf das Tal über der Av. da Liberdade.

🎧**93** [T18] **Os Tibetanos** €, R. do Salitre, 117, Metro: Avenida, www.tibetanos.com, Tel. 213142038, Mo.–Fr. und So. 12.15–14.45 u. 19.30–22.30 Uhr, Sa. 12.45–15.30 u. 20–23 Uhr. Das vegetarische Restaurant in einer Seitenstraße der Av. da Liberdade hat einen hübschen Innenhof. Deko und Küche sind asiatisch inspiriert. Auf der Karte stehen Currys und andere indische, tibetanische und japanische Gerichte aus frischen Zutaten.

017/b Abb.: ps

In den afrikanischen Discos der Stadt wird wie in Angola Kizomba und Kuduro getanzt. An den **Kiosken** entlang der Avenida da Liberdade ㉖ legen im Sommer DJs auf. Jazzfans finden in einer Seitenstraße den renommierten Hot Clube de Portugal. Besonders stimmungsvoll und authentisch lässt sich Lissabon bei Nacht in einem der zahlreichen **Fado-Lokale** erleben. Unterhalb der Ponte 25 de Abril an den Docas de Santo Amaro laden die Restaurants und Bars am Tejo schon mittags zum Chillen ein. Nachts übertönt der Discosound den Verkehrslärm von der Brücke. Mehrere **hippe Klubs** reihen sich auch an der weiter östlich gelegenen Rua da Cintura do Porto de Lisboa aneinander, einst eine triste Hafenstraße mit großen Lagerhallen.

Nachtleben

In den restaurierten Fabrik- und Lagerhallen am Tejo neben dem Fährterminal Cais do Sodré und in der Nähe des Food Court des Mercado da Ribeira befinden sich Konzerthallen und die kapverdische Disko B. Leza (s. S. 81). Sehr beliebt ist auch die **Pink Street** mit dem Pensão Amor (s. S. 78) am Fuß von da Bica und Bairro Alto. Zu den etwas weiter entfernten Klubs an den **Docas de Santo Amaro** zählen das Urban Beach und das Kais. In die Bars und Restaurants am Fluss zieht es ein Publikum, das nicht so sehr aufs Geld achtet und zumindest zurück mit dem Taxi fährt.

Lissabon am Abend

Partypeople, Studenten und Touristen verwandeln das Bairro Alto an Sommerwochenenden in eine riesige Open-Air-Disco. Aber selbst an Wochentagen und in den Semesterferien füllen sich ab 20 Uhr die Restauranttische auf den Straßen. Viele Geschäfte und Galerien sind bis 23 Uhr geöffnet und in Bars und Klubs wird zu Livemusik getanzt. Hier findet jeder etwas nach seinem Geschmack, von Lindy Hop über Fado und Jazz bis zu brasilianischem Samba.

◸ *Bairro Alto: je später der Abend, desto jünger die Nachtschwärmer*

> **Docas de Santo Amaro,** Kneipen und Restaurants am Tejo zwischen Ponte 25 de Abril und Cais do Sodré, Tram 15E bis Alcântara, dann durch die Fußgängerunterführung

Bars und Tanzbars

🔴**94** [U20] **Bali Bar,** R. do Norte, 117–119, Metro: Baixa-Chiado, tgl. 16–24 Uhr. Ein vergoldeter Buddha und in Rottönen gestrichene Wände verbreiten Zen-Feeling. Oft legen DJs auf oder es spielen Livebands. Am späten Abend erinnert nur noch das Surfbrett an der Wand daran, dass tagsüber nebenan Surfutensilien verkauft werden.

🔴**95** [W20] **Bar das Imagens,** Cç. do Marquês de Tancos, 1/R. Costa do Castelo, Bus 737 bis Costa Castelo, Tram 28 bis Miradouro de Santa Luzia, tgl. 12–0.30 Uhr. Kleine Bar in der Nähe des Chapitô mit künstlerischem Szenepublikum. Von der Terrasse schöne Sicht auf die Unterstadt. Elektrosound und manchmal Jazz.

🔴**96** [U21] **Bicaense,** R. da Bica de Duarte Belo, 38–42, Metro: Baixa-Chiado, Di.–Sa. 20–1 Uhr. Die Szenebar liegt im oberen Teil der Straße, auf der der Ascensor da Bica verkehrt. Am späteren Abend DJs. Videoprojektionen und antike Radios sorgen für kultiges Ambiente.

🔴**97** [W21] **Chapitô,** R. Costa do Castelo, 1–7, Bus 37 bis Costa do Castelo, Tram 28 bis Miradouro de Santa Luzia, www.chapito.org, Tel. 218855550, tgl. 12–2 Uhr. Nicht wundern, wenn an der Tür ein Clown steht, denn dies ist Lissabons Zirkusschule. Durch einen Shop geht es ein paar Treppenstufen hinab. Bar und Restaurantterrasse bieten einen fantastischen Blick. Im UG findet sich eine Bühne für Zirkusshows, Konzerte und kulturelle Events. Im Gebäude wohnen die Zirkusschüler. Seit 1996 hat das Chapitô eine eigene Kompanie. Multikulturelles Publikum, abwechslungsreiches Programm.

🔴**98** [T20] **Cinco Lounge,** R. António Leitão, 17A, Metro: Avenida, www.cincolounge.com, tgl. 9–2 Uhr. Die Cocktailbar in der Nähe des Príncipe Real bietet Cocktailkurse an und die größte Auswahl an Mixgetränken in der Stadt. Es gibt auch hausgemachten Sirup in Flaschen und Cocktails zum Mitnehmen.

🔴**99** [U22] **Da Velha Senhora,** R. Nova do Carvalho, 38, Metro: Cais do Sodré, Di.–Sa. 18–4 Uhr. Die Bar erinnert mit historischen Fotos an das Rotlichtmilieu vergangener Zeiten und ist für köstliche *petiscos* bekannt. In der ganzen Straße pulsiert das Nachtleben, sie ist inzwischen als „Pink Street" bekannt und der Asphalt wurde pink angestrichen.

🔴**100** [M24] **Doca de Santo,** Doca Santo Amaro, Tram 15E bis Alcântara Armazém cp., www.grupodocadesanto.com, So.–Do. 12.30–1 Uhr, Fr./Sa. 12.30–4 Uhr. Dies war das erste Bar-Restaurant der gleichnamigen Gruppe an den Docas. Es wartet mit großzügigen, hohen Räumen, Sand mit Muscheln unter den Glasplatten der Tische und einer stattlichen Palmenterrasse unterhalb der Ponte de 25 Abril auf. Nebenan gibt es etliche weitere Bars und Restaurants.

🔴**101** [Q23] **Le Chat,** R. das Janelas Verdes/Jardim 9 de Abril, Tram 15E bis Santos, www.lechatlisboa.com, Mo.–Sa. 12.30–2, So. 12.30–24 Uhr. Die coole Bar in einem Glaskubus gegenüber vom Museu Nacional de Arte Antiga mit einzigartiger Aussicht über den Tejo mutiert am Wochenende zu später Stunde zur Disco.

🔴**102** [U20] **Marganês,** R. da Atalaia, 172, Metro: Baixa-Chiado, tgl. 20–3 Uhr. Papageiengrün ist die Farbe dieser kleinen Bar und Disco im Bairro Alto mit Gewölbebögen. Getanzt wird zu den Gute-Laune-Rhythmen brasilianischer Combos.

103 [U22] **O'Gilins**, R. dos Remolares, 8–10, Metro: Cais do Sodré, www.irishpub.com.pt, tgl. 11–2 Uhr. Gute Stimmung und an vier Tagen der Woche irische Livemusik. Bis kurz vor Schluss gibt es auch Sandwiches und kleine Gerichte.

104 [T19] **Pavilhão Chinês**, R. Dom Pedro V, 89, Bus 58 bis Príncipe Real, Metro: Rato, www.barpavilhaochines.blogspot.de, Mo.–Sa. 18–2, So. 21–2 Uhr. Ist die Holztür unten geschlossen, unbedingt anklopfen oder klingeln. Zu Lounge-Musik eröffnet sich in mehreren Räumen eines früheren Kurzwaren- und Lebensmitteladens von 1900 eine sehenswerte, kurios überladene Welt aus Trödel und Antiquitäten, von der Zinnsoldatensammlung über Porzellan, Kerzen, Spiegel und Gemälde. Im Raucherraum stehen Billardtische.

105 [U22] **Pensão Amor**, R. Alecrim, 19, Metro: Cais do Sodré, http://pensaoamor.pt/PT, Mo.–Mi. 12–2, Do.–Fr. 12–4, Sa. 18–4 Uhr. Die Graffitis im Treppenhaus weisen darauf hin, dass das 5-stöckige Haus aus dem 18. Jh. im früheren Rotlichtviertel hinter dem Mercado da Ribeira (s. S. 86), der heutigen „Pink Street" mit rosa gestrichenem Asphalt, einst ein Bordell war. An manchen Abenden treten neben Livebands auch Dragqueens auf. Es gibt einen Dessousshop, einen Friseur und einen Buchladen mit einer großen Sammlung an erotischer Literatur und Bildbänden. Man kann sich auf den Sofas im Pole Room einen Cocktail gönnen oder umherwandern und die Fresken an den Decken, die Gemälde und vergoldeten Spiegel bewundern.

106 **Peter Café Sport**, Marina de Oeiras, Bloco, Tram 15E bis Oeiras, So.–Do. 8–19, Fr./Sa. bis 23.45 Uhr. Das berühmte Café in Horta auf der Azoreninsel Faial, das Bar, Postbank, Kiosk und Traveller-Treff in einem ist, hat in Lissabon zwei Sportbar-Ableger. Von der Terrasse der schlichten Bar im Glaspavillon am Jachthafen von Oeiras reicht der Blick bis in die Nacht zu dem kleinen Leuchtturm, wo der Tejo in den Atlantik mündet. Die zweite Filiale liegt im Parque das Nações.

107 [X20] **Portas do Sol**, Lg. das Portas do Sol, Tram 28 bis Largo Portas do Sol, http://portasdosol.pt, tgl. 10–24 Uhr, Fr./Sa./vor Feiertagen bis 2 Uhr, im Winter Mo.–Fr. 9–19 Uhr. Im Sommer laden weiße Liegen und Sessel unter Sonnenschirmen auf der großen Terrasse zum Chillen ein. Der Rundblick über die Alfama zum Tejo ist traumhaft. Abends oft Livemusik oder DJs.

108 [U20] **Portas Largas**, R. da Atalaia, 101–105, Metro: Baixa-Chiado, tgl. 20–2 Uhr. Die gayfreundliche Bar zählt zu den größeren Livemusik-Locations im

018lb Abb.: ps

◁ *Pavilhão Chinês: gemütliche Bar im Bairro Alto*

Bairro Alto. Ein Bild der bekannten Fado-Sängerin Mariza hängt über der Bühne, aber meist wird Reggae, Drum'n'Bass, britische oder brasilianische Musik gespielt. Ob Bier oder Caipirinha: Alles kommt in riesigen Plastikbechern (Mindestverzehr 10 €). Das Publikum ist bunt gemischt, meist gut gelaunt und tanzfreudig.

109 [U21] **Silk Club**, R. da Misericórdia, 14, Metro: Baixa-Chiado, www.silk-club.com, Di./Mi. 19–1, Do.–Sa. bis 4 Uhr. Unvergesslicher Blick von den beiden oberen Stockwerken des Espaço Chiado. Junges Publikum, laute Housesounds und teure Drinks, aber das Clubbing ist sehr in und exklusiv.

110 [U22] **Sol e Pesca**, R. Nova do Carvalho, 44, Metro: Cais do Sodré, www.solepesca.com, tgl. 12–4 Uhr. Das kultige Bar-Restaurant war früher ein Geschäft für Anglerbedarf. Daran erinnert die Deko mit Keschern, Netzen, Reusen und Angeln an Wand und Decke. In den Regalen stapeln sich die Fischkonserven. Drinnen und draußen an Holztischen trifft sich Szenepublikum zu Dosenfisch und Drinks.

111 [U20] **Zé dos Bois (ZDB)**, R. da Barroca 49–59, Metro: Baixa-Chiado, www.zedosbois.org, Tel. 351213430205, Ausstellungen Mi.–Sa. 18–23, Bar „49 da ZDB" Mi.–Do. 22 Uhr–2, Fr./Sa. 22–3 Uhr. Schon seit 1994 ist das ZDB im Bairro Alto ein gemeinnütziges Kulturzentrum, das pro Jahr rund 150 Künstler fördert und ihnen ein Forum für Filme, Konzerte, Lesungen, Ausstellungen oder Performances bietet. Das Gebäude aus der Mitte des 19. Jh. bewohnte einst die Baronin von Almeida und 1839–40 der Schriftsteller Almeida Garrett. In der Bar „49 da ZDB" hängen Gemälde und Fotos. Im Saal gibt es oft Livemusik gratis, DJs oder Lindi-Hop-Abende. Es lohnt, sich das aktuelle Programm auf der Website anzuschauen.

Weinbars

112 [T19] **Chafariz do Vinho**, R. da Mãe d'Água, Metro: Avenida, www.chafarizdovinho.com, Di.–So. 18–2, Küche 18–1 Uhr. Für Weinliebhaber ist diese gut sortierte Vinothek in einem ehemaligen Brunnen eine kleine Offenbarung. Zu feiner Küche gibt es edle Tropfen, die in einem ehemaligen Kanal des Bewässerungssystems lagern. Angeboten werden auch Weinproben, u. a. für Portwein.

113 [U20] **Garrafeira Alfaia**, R. do Diário de Notícias, 125, Metro: Baixa-Chiado, www.garrafeiraalfaia.com, Mo.–Fr. 14–1, Sa./So. 16–1 Uhr. In diesem gut sortierten Weinladen im Bairro Alto, der gleichzeitig eine Bar ist, berät der Besitzer persönlich. Hübsche Kacheln am Eingang, nettes Ambiente.

114 [X20] **Wine Bar do Castelo**, R. Bartolomeu de Gusmão, 11–13, Bus 737 bis Costa do Castelo, Di.–So. 12–22 Uhr. Die gemütliche, kleine Weinbar in der Nähe der Burg ist auf portugiesische Weine spezialisiert und bietet rund 100 zur Auswahl. Dazu gibt es Oliven, Brot und Käse, typische Gerichte sowie ein wenig Beratung.

Fado

115 [O22] **Casa da Mariquinhas**, Pr. da Armada, 17, Tram 15E bis Alcântara, Tel. 918335560, Fado Mi.–Sa. 20–2 Uhr. Das Fado-Lokal in Alcântara gehört der Sängerin Maria João Quadros. Benannt ist es nach einem ehemaligen Bordell, dem Portugals Fado-Ikone Amália Rodrigues ein Lied widmete.

116 [X21] **Clube de Fado**, R. de S. João da Praça, 86–94, Tram 28 u. 12 bis Sé, www.clube-de-fado.com, Tel. 218852704, tgl. 20–2 Uhr. Der Klub des bekannten Gitarristen Mário Pacheco ist touristisch, bietet aber musikalische Qualität.

117 [Y20] **Dragão de Alfama**, R. de Guilherme Braga, 8, Metro: Santa Apo-

lónia, Tel. 218867737, tgl. 19.30–24 Uhr, Fado Fr./Sa. *Gambas* und *bacalhau* schmecken hier gut, aber das Wichtigste ist dem Publikum der Fado. Hier wurde Teresa Salgueiro entdeckt, die ehemalige Sängerin von Madredeus.

⊕**118** [R20] **EstaFado**, R. Borges Carneiro 75 B, Tram 28, Tel. 913292561, Mi.–Sa. 19.30–2 Uhr, Fado ab 21 Uhr. In der modernen Fado-Taverne treffen sich Musiker der neuen Generation. Blickfang ist das riesige Bild des Schustersohns, Schiffszimmerers und Fado-Sängers Alfredo Marceneiro (1891–1982), der mit seiner Zigarette im Mund sogar gesungen haben soll.

⊕**119** [W19] **Maria da Mouraria,** Largo Severa, 2/2B, Metro: Martim Moniz, Tel. 218860165, www.mariadamouraria.pt, Mi.–So. 17–19 und 19.30–2, Fado ab 21.30 Uhr. Die Fado-Bar im früheren Wohnhaus der Fado-Legende und Prostituierten Maria Severa eröffnete auf Initiative des Fado-Museums. Fado, Filme und Ausstellungen.

⊕**120** [Y20] **Mesa de Frades**, R. dos Remédios 139 A, Metro: Santa Apolónia, Tel. 917029436, Mi.–Sa. ab 21 Uhr, Fado 23–2.30 Uhr. Nach dem Erdbeben von 1755 schenkte König José I. seiner Geliebten Dona Rosa einen Palast mit Geheimgang in diese Kapelle. Heute ist sie die „Fado-Kapelle" des portugiesischen Gitarristen Pedro de Castro und bietet eine fantastische Akustik. Wo früher der Altar stand, werden die Gerichte für das Abendmenü zubereitet. Die Fado-Musiker kommen ab 23 Uhr. Hier sangen schon Stars wie Carminho, Ricardo Ribeiro, José Manuel Barreto, Tânia Oleiro und Ana Sofia Varela. Mit etwas Glück hört man den aufstrebenden Stern des Fado, Teresinha Landeiro.

⊕**121** [R21] **Sr. Vinho**, R. Meio à Lapa, 18, Cascais-Linie bis Santos, www.srvinho.com, Tel. 213972681, tgl. 19.30–2, Fado ab 21 Uhr. In dem typischen Fado-Restaurant treten seit 1975 Fado-Musiker und -Nachwuchstalente auf. Porträts der fest engagierten Musiker auf der Website. Hier kehren auch gern Politprominenz und Geschäftsleute ein.

⊕**122** [U21] **Tasca do Chico**, R. dos Remédios, 83, Metro: Santa Apolónia, Tel. 965059670, tgl. 21–2 Uhr. 1993 eröffnete die typische kleine Tasca in einem ehemaligen Lebensmittelladen des Bairro Alto. Mariza sang hier, bevor sie

⌃ *Im EstaFado verschmelzen Tradition und Moderne*

berühmt wurde. Seit 2009 gibt es in der Alfama eine zweite Tasca do Chico, ein wenig größer und etwas mehr Restaurant als Tasca: R. do Diário de Notícias, 39.

123 [Y20] **Tejo Bar**, Beco do Vigário, 1 A, Metro: Santa Apolónia, Tel. 8868878, Mi.–Sa. 21–2 Uhr. In dieser kleinen Bar hinter einer unbeschrifteten Tür in einer schmalen Gasse der Alfama kann spontan ein einzigartiges Ambiente entstehen, wenn die Leute des Viertels gemeinsam Fado singen oder ein Könner zur Gitarre greift. Der Wirt ist unter Lissabons Künstlern bekannt; er musiziert, schreibt, malt und mischt sich gern unter die Gäste. Die Bar liegt unterhalb der Rua do Vigário, die von der Rua dos Remédios abzweigt; am besten die Anwohner fragen.

Jazz

124 [U19] **Hot Clube de Portugal**, Pr. da Alegria, 48, Metro: Avenida, www.hcp. pt, Di.–Sa. 22–2 Uhr. Der Klub mit Garten hinter dem Haus ist die älteste und renommierteste Jazzlocation Portugals (seit 1948). 1964 wurden hier Szenen für den Film „Belarmino" von Fernando Lopes gedreht. Viele Jazzmusiker lernten an der hochkarätigen Musikschule des Klubs. Seit 1991 hat er eine eigene Big Band (Orquestra do HCP). Tgl. Konzerte oder Jamsessions; Musiker und Orchester spielen auch an anderen Orten, manchmal auf öffentlichen Plätzen.

Klubs und Discos

125 [U15] **Arte & Manha**, Av. Duque de Loulé, 22 B, Metro: Picoas, Tel. 218258532, Mi.–Mo. 8–4 Uhr. Diese kleine Kulturfabrik in einem ehemaligen chinesischen Laden hat zwei Bühnen und mehrere Etagen. Beliebter Szenetreff mit Restaurant, Bar, Galerie, Livemusik, Lesungen und Performances.

126 [U22] **B. Leza**, Cais da Ribeira Nova, Armazém B, Metro: Cais do Sodré,

www.blogdibleza.blogspot.de, Mi.–So. 22.30–4 Uhr. Von der Tanzfläche des beliebten kapverdischen Klubs sieht man den Tejo durch die große Glasscheibe schimmern. Zu Livemusik wird Kizomba getanzt. Das B. Leza besitzt eine eigene Hausband, die mit dem kapverdischen Sänger Calú Moreira auftritt. Haben die portugiesisch-kreolischen Sänger viel Charisma, geht das bunt gemischte Publikum jeden Alters begeistert mit. Eintritt 12 €, inklusive Getränk. Konsumiert man mehr, zahlt man den Restbetrag am Ausgang.

127 [U20] **Bedroom**, R. do Norte, 86, Metro: Baixa-Chiado, Do.–Sa. 22–4 Uhr. Ab 2 Uhr füllt sich die in Rot und Schwarz gestylte Disco mitten im Bairro Alto. House, Electro und manchmal Sound der 1980er-Jahre.

128 [a19] **Clube Ferroviário**, R. de Santa Apolónia, 59, Metro: Santa Apolónia, Bus 210, 759, 794, www.clubeferroviarioblog.com, Mo.–Mi. 17–2, Do./Fr. 16–4, Sa. 12–4, So. 12–24 Uhr. Vom U-Bahnhof aus sind es ca. 700 m an der Straße entlang stadtauswärts. Der Clou des früheren Eisenbahngebäudes ist die Dachterrasse über dem Tejo. Auf 2 Stockwerken darunter DJ-Partys, Kon-

zerte, Lesungen, Filmvorführungen und kulturelle Events.

⊕**129** [R23] **Kais,** Cais da Viscondessa/ R. da Cintura, Tram 15E bis Santos, www.kais-k.com, Di.–Sa. 20–2 Uhr. Der nette Klub mit Restaurant gegenüber vom Urban Beach zieht ein älteres Publikum an und spielt vorwiegend Musik aus den 1980ern. Große Terrasse mit Tejo-Ausblick.

⊕**130** [a20] **Lux Frágil,** Av. Infante D. Henrique, Armazém A, Metro: Santa Apolónia, www.luxfragil.com, Do.–So. 23–6 Uhr. In Lissabons In-Klub legen namhafte DJs auf und je nach Event kostet der Eintritt 15–30 €. Sa. ab 2 Uhr bilden sich vor der Tür lange Schlangen. Gleißendes, buntes Licht bringt die roten Sofas und Samtvorhänge zur Geltung. Die umgebaute Lagerhalle verfügt über 2 Etagen und eine Dachterrasse.

⊕**131** [U22] **Musicbox,** R. Nova do Carvalho, 24, Metro: Cais do Sodré, www. musicboxlisboa.com, Mi.–Sa. ab ca. 1 Uhr. Der Klub unter Granitbögen bietet rund 300 Leuten Platz. Er gilt als Top-Location für Livemusik, ansonsten legen DJs auf. Eintritt 15 €.

⊕**132** [R23] **Urban Beach,** Cais da Viscondessa/R. da Cintura, Tram 15E bis Santos, www.grupo-k.pt, Di. 24–4, Mi.–Sa. 20–4 Uhr. Attraktion des Klubs ist die großzügige Terrasse mit Sand am Tejo. Eintritt 20 €, zwei Getränke inklusive, guter Musikmix.

Theater und Konzerte

Von **Ende Juni bis September** verwandelt sich Lissabon in eine **Open-Air-Bühne für Musik.** Solisten, Opernchor und das Sinfonieorchester des Teatro Nacional de São Carlos geben abends ab 21 Uhr auf dem Opernvorplatz [V21] ihr Können gratis zum Besten, bei stimmungsvoller Beleuchtung. Die Stadt organisiert zudem auf zahlreichen Plätzen, z. B. dem Largo do Intendente Pina Manique [W17] und der Praça Martim Moniz [W19], oder in der Mouraria Livekonzerte, Theateraufführungen und Fado-Abende. Ein Highlight sind auch die Konzerte im Open-Air-Amphitheater der Gulbenkian-Stiftung. Musiker des Orquestra Metropolitana spielen Kammermusik in Veranstaltungsräumen, auf Plätzen und in Kirchen.

Ein Blick ins Kulturprogramm lohnt das ganze Jahr über. **Szene-Hotspots für Konzerte, Kultur und Theater** sind A Barraca und die Fábrica Braço de Prata. Zu den beliebten Orten für **Großkonzerte** zählen der Pavilhão Atlántico im Parque das Nações und das Centro Cultural de Belém; vorteilhaft zentral in der Baixa liegt das Coliseu dos Recreios.

Prunkvolle **Theatersäle** mit rotem Samt und vergoldeten Sitzen und Emporen findet man im Chiado, z. B. im städtischen Theater São Luiz und im Teatro da Trindade. Im Teatro Nacional D. Maria II am Nordende des Rossio ❻ gibt es tagsüber Führungen für Besucher. Gut besucht sind die **Musicals** und Stücke des Regisseurs Filipe La Féria im Teatro Politeama. Historische **Kinofilme** zeigt das Filmmuseum Cinemateca (s. S. 54). Ein Vorteil für ausländische Besucher: Lissabons Kinos zeigen alle Filme in Originalsprache.

Veranstaltungsorte für Konzerte

⊕**133** [f5] **Casino Lisboa,** Alameda dos Oceanos, Lote 1.03.01, Metro: Oriente, www.casino-lisboa.pt, Tel. 218929000. Das Kasino im Parque das Nações bietet Konzerte in der Arena Lounge.

⊕**134** [F25] **CCB – Centro Cultural de Belém,** Pr. do Império, Tram 15E u. Tram 15 bis Belém, www.ccb.pt, Tel. 213612444. Klassik, Jazz, Pop, Rock,

Ballett, Modern Dance, Oper und Theater in einem riesigen Kulturkomplex in Belém.

⊕135 [V19] **Coliseu dos Recreios,** R. Portas de Santo Antão, 96, Metro: Restauradores, www.coliseulisboa.com, Tel. 213240580. Der Konzertsaal in einem historischen Gebäude besitzt 4000 Plätze. Ballett, Konzerte von Klassik bis Rock und Pop sowie Operngastspiele.

⊕136 [V12] **Culturgest,** Edifício Sede da Caixa Geral de Depósitos/R. Arco do Cego, 1. OG, Metro: Campo Pequeno, www.culturgest.pt, Tel. 217905155. Mo./Mi./Fr. 11–19 Uhr, Konzerte abends nach Programm. Die Sparkassenstiftung bietet ein avantgardistisches Kulturprogramm, eine bunte Mischung aus Konzerten, Ausstellungen und Events.

⊕137 [U21] **Espaço Chiado,** R. da Misericórdia, 14, 2. Stock, Metro: Baixa-Chiado, www.fadoinchiado.com, Tel. 961717778, Fado Mo.–Sa. 19–20 Uhr, Eintritt: 17 €. Im Konzertsaal der oberen Etage des Einkaufszentrums können Touristen und Einsteiger am frühen Abend Fado hören. Initiator der Show „Fado in Chiado" ist der Radiosender RFM. Eine Sängerin, ein Sänger und zwei Gitarristen interpretieren traditionelle Fados. Dazu werden Bilder von Lissabon an die Wand projiziert.

⊕138 [e11] **Fábrica Braço de Prata,** R. Fábrica de Material de Guerra, 1, www.bracodeprata.com, Bus 28, 718, Nachtbus 210 bis Poço Bispo. Diese Kultureinrichtung in einer ehemaligen Waffenfabrik von 1908 liegt etwas außerhalb, aber die Anfahrt lohnt sich. Zuerst richteten sich hier zwei Buchhandlungen ein, schnell folgten eine Bar, ein Kino und ein Restaurant. Während in einem der 15 Säle kubanische Livemusik für Partystimmung sorgt, läuft in einem anderen eine Fotoausstellung, man kann an Kizomba- oder Tangokursen teilnehmen oder die Buchläden und Shops durchstreifen.

❯ Fundação Calouste Gulbenkian, im gleichen Haus wie das **Museu Calouste Gulbenkian** ㉚, Tel. 217823000, www.gulbenkian.pt. Konzerte, u. a. des Orchesters der Stiftung und seiner Solisten, im Sommer im Open-Air-Amphitheater.

⊕139 [g4] **MEO Arena,** Rossio dos Olivais, Metro: Oriente, www.arena.meo.pt, Tel. 218918409. Die Adresse für Großveranstaltungen im Parque das Nações. Der moderne Bau des Architekten Regino Cruz kann 20.000 Zuschauer aufnehmen.

Theater und Oper

♡140 [S22] **A Barraca,** Lg. de Santos, 2, Tram 15, 18 und 25 sowie Bus 727 bis Santos, www.abarraca.com, Tel. 213965360, Di.–So. 19–2 Uhr. Politisch engagiertes, experimentelles Theater und kleines Kulturzentrum. Vorstellungen meist 21.30 Uhr, Ticketverkauf 1,5 Std. vorher. So. abends Tango, ab und zu Konzerte von Jazz bis Latino.

♡141 [U20] **Teatro da Trindade,** Lg. da Trindade, 7 A, Metro: Baixa-Chiado, www.teatrotrindade.inatel.pt, Tel. 213420000. Das prunkvolle Theater gegenüber dem Kloster São Roque im Bairro Alto eröffnete bereits 1867. Abends ist die dunkelrote Fassade beleuchtet. Neben Theaterstücken gibt es auch Musik, Tanz, Kinofilme und Kunstausstellungen im Foyer.

♡142 [V20] **Teatro Nacional D. Maria II,** Pr. de Dom Pedro IV, Metro: Rossio, www.teatro-dmaria.pt, Tel. 213250800. Das staatliche Theater am Rossio besteht bereits seit 1846 und eröffnete am 27. Geburtstag der Königin Maria II. im Jahr 1846. Vorwiegend klassisches Programm. Führungen durch das Haus möglich.

♡143 [V21] **Teatro Nacional de São Carlos,** R. Serpa Pinto, 9/Lg. de São Carlos, Metro: Baixa-Chiado, www.tnsc.pt, Tel. 213253045. Die Mailänder

Scala und die Oper Neapels waren Vorbilder für die stattliche Lissabonner Oper im klassizistischen Stil. Gemälde schmücken den Zuschauerraum.

○**144** [V19] **Teatro Politeama**, R. das Portas de Santo Antão, 109, Metro: Restauradores, www.teatro-politeama.com, Tel. 213405700, Vorstellungen Di.–Sa. 21.30 Uhr, Sa./So. auch 16 Uhr. Regisseur Filipe La Féria inszeniert in dem ehemaligen Kino der 1920er-Jahre beliebte Musicals, z. B. über die Fado-Legende Amália Rodrigues.

○**145** [V21] **Teatro São Luiz**, R. António Maria Cardoso, 38, Metro: Baixa-Chiado, www.teatrosaoluiz.pt, Tel. 213257640. Klassische Musik, Jazz, Fado, Theater und moderner Tanz im städtischen Theater gegenüber der Oper. Auch Schauplatz des Festivals Festa do Jazz do São Luiz.

○**146** [Q19] **The Lisbon Players**, R. da Estrela, 10, Tram 25 u. 28 bis Estrela, www.lisbonplayers.com.pt, Tel. 213961946. Englischsprachiges Laientheater mit 120 Plätzen in der Estrela Hall am Jardim da Estrela.

☑ *Frischer Fisch und Meeresfrüchte auf dem Mercado de Arroios*

Lissabon für Kauflustige

Im Vergleich zu anderen europäischen Metropolen ist Lissabon nicht unbedingt ein Einkaufsparadies, bietet aber für jeden Geldbeutel etwas. Neben außergewöhnlicher Mode und etlichen Schmuck- und Schuhläden kann man zahlreiche lissabontypische Souvenirs erstehen, etwa Kacheln, Kork und Keramik sowie die kultigen Sardinendosen – die es inzwischen auch auf T-Shirts gedruckt gibt.

Für kreative, neue Trends bekannt sind die **Modeschöpfer** Fátima Lopes und Lidija Kolovrat im Bairro Alto. Ausgefallenes findet man bei Designern wie Alexandra Moura oder João Branco und Luis Sánchez, die das Label Storytailors für maßgeschneiderte Nobelroben kreierten. Nuno Gama steht für kultige portugiesische Männermode mit sportlichem Touch. Die Schuhmarken Fly London und Guimarães stammen aus Portugal. In der Baixa und im Chiado fallen die zahlreichen **Schuhgeschäfte** auf: also un-

bedingt ein Paar Schuhe mit Korksohle mit nach Hause nehmen!

Typisch portugiesisch sind auch andere **Mitbringsel aus Kork,** vom Gürtel über Taschen bis zum Mousepad. Handbemalte Keramik und Kacheln verkaufen die Läden traditionsreicher **Azulejo-Manufakturen,** z. B. Sant'Anna. Wer auf hochwertiges Porzellan steht, sollte in den Shoppingcentern nach der Marke Vista Alegre schauen; **Modeschmuck** mit echten Steinen verkauft Stone by Stone (z. B. im Amoreiras Shopping Center), seit über 30 Jahren ein Familienbetrieb. **Kultige, moderne Souvenirs** hat z. B. Bairro Arte im Sortiment. Und warum nicht ein paar nostalgisch designte portugiesische **Sardinendosen** als Mitbringsel einkaufen, ein gutes Olivenöl oder eine Flasche *Ginjinha?*

Zwischen internationalen Ketten, Souvenirshops, Cafés, Restaurants und *Pastelarias* gibt es in Lissabons **Fußgängerzone Rua Augusta** ❸ noch kleine Läden mit Fächern, Hüten, Handschuhen und Keramikfiguren des heiligen Antonios. Wer die ältesten Geschäfte der Stadt kennenlernen möchte, die Stoffe, Knöpfe und Parfums zwischen verspiegelten Wänden und an langen Theken mit kleinen Holzschubladen feilbieten, folgt auf der **Rua da Conceição** [W21] Richtung Alfama den Tramschienen. Beim **Largo de Santo António da Sé** [W21] schließen sich Geschäfte für Portwein und Spirituosen an. Hinter der Kathedrale wartet ein Buchladen mit einem guten Sortiment deutscher Bücher über Lissabon auf.

Die **Rua Garrett** [V21] ist die Hauptschlagader des trubeligen **Shoppingviertels Chiado.** Oberhalb der Praça Luís de Camões geht es rechts ins **Bairro Alto,** wo die Läden auch noch nach 21 Uhr geöffnet haben.

Shoppingareale
Die wichtigsten Shoppingbereiche der Stadt sind im Kartenmaterial mit einer rötlichen Fläche markiert.

Einige Boutiquen findet man auch in der Nähe des Jardim do Príncipe Real [T19] in der **Rua Dom Pedro V** und der **Rua da Escola Politécnica.** Wer viel Geld für luxuriöse Marken ausgeben möchte, ist in Lissabons weitläufiger Prachtstraße, der **Avenida da Liberdade** ㉖, an der richtigen Adresse. Auch sie ist vom Rossio ❻ aus gut zu Fuß zu erreichen.

Einkaufstipps

Märkte und Markthallen

🏷**147** [T19] **Biomarkt,** Jardim do Príncipe Real, Metro: Rato, Sa. 8–14 Uhr. Ökologische Produkte und traditionelle Spezialitäten aus Portugal. Lissabons einzigen Biomarkt gibt es seit 2006.

🏷**148** [Z19] **Feira da Ladra,** Campo de Santa Clara, Tram 28 bis S. Vicente, Metro: Santa Apolónia, Di. u. Sa. 8–18 Uhr. Lissabons riesiger Flohmarkt ist ein Paradies für Schnäppchenjäger.

🏷**149** [G25] **Floh- und Antiquitätenmarkt Jardim de Belém,** Cascais-Linie bis Belém, jeden 1. und 3. So. des Monats, 9–18 Uhr. Gute Gelegenheit, den Museumsmarathon in Belém mit Souvenirshopping zu verbinden. Vorsicht: Touristenpreise!

🏷**150** [U19] **Kunsthandwerksmarkt Praça da Alegria,** Metro: Avenida, So. 9–17 Uhr. Auf dem hübschen Platz oberhalb der Av. da Liberdade verkaufen Kunsthandwerker kreative Mitbringsel.

🏷**151** [W22] **Kunsthandwerksmarkt Praça do Comércio,** am oben Ende, unter den Arkaden, Metro: Terreiro do Paço, So.

11–18 Uhr. Kunsthandwerker malen hier etwa die symbolischen Motive der Pflastersteine auf kleine, weiße Kalksteinkacheln.

152 [U22] **Mercado da Ribeira,** Av. 24 de Julho, Metro: Cais do Sodré, So.–Mi. 10–24, Do.–Sa. 10–2 Uhr. Dank der Zeitschrift Time Out, dem Investor, hat sich die Markthalle von 1882 in einen hippen Foodcourt verwandelt. An langen Holztischen können bis zu 500 Besucher gehobene und kreative portugiesische Küche renommierter Köche genießen und finden auch eine tolle Weinauswahl sowie Champagner und Sushi. Ringsum verkaufen 35 Stände alltägliche und gehobene Produkte. Hier sind auch die besten Traditionsgeschäfte Lissabons vertreten. In der anderen Hälfte der Halle geht der Markt für frische Waren (Fisch, Blumen, Gewürze, Obst und Gemüse etc.) wie gehabt weiter.

153 [X14] **Mercado de Arroios,** R. Ângela Pinto, Metro: Arroios, Mo.–Sa. 7–14 Uhr. In dieser vieleckigen Markthalle decken sich die Leute des Viertels mit frischem Fisch und Lebensmitteln ein.

154 [O19] **Mercado de Campo de Ourique,** R. Coelho da Rocha, Tram 28 bis Campo Ourique, Mo.–Do. 10–23, Fr./Sa. bis 1 Uhr. Der Markt mit Art-déco-Fassade hat sich zu einem beliebten Ziel für Gourmets entwickelt. Die Bars und Restaurants in der Markthalle sind bis in die Nacht geöffnet. Champagner, kreative Ideen renommierter Küchenchefs, ein Flair wie in Barcelona und die alteingesessenen Händler, die immer noch da sind, freuen sich über die zusätzlichen Kunden.

Mode und Schuhe

155 [U19] **Alexandra Moura,** R. Dom Pedro V, 77, Metro: Rato, Mo.–Sa. 11–20 Uhr. Die portugiesische Modeschöpferin präsentiert ihre Kollektionen in einem großen, in Weiß gehaltenen Laden mit Hinterhof.

156 [V20] **Ana Salazar,** R. do Carmo, 85–87, Metro: Baixa-Chiado, www.anasalazar.net, Mo.–Sa. 10–19 Uhr. Avantgardistische, aber dezente Kleider, Schuhe und Accessoires der Modeschöpferin.

157 [W20] **A Outra Face da Lua,** R. da Assunção, 22, Mo.–Sa. 10–20 Uhr. Alternativer Vintage-Laden mit Secondhandmode, Tearoom, Café und Bar in einem Altbau mit Gewölbe parallel zur Rua Augusta. Kostenloses WLAN.

158 [U22] **ArtefaB,** R. São Paulo, 63–65, Metro: Cais do Sodré, www.artefab.wix.com/shop, Mo.–Fr. 10.30–19.30, Sa. 12–19 Uhr. Die auf den Kapverden geborene Modedesignerin Ana Brito verkauft hier neben eigenen Kreationen urbaner Mode auch Schmuck, Geschenkartikel, Taschen, Deko und Lampen anderer Designer.

159 [V21] **Cubanas,** R. Serpa Pinto, 12 A, Metro: Baixa-Chiado, www.cubanas-shoes.com, Mo.–Sa. 10–20 Uhr. Hübsch designte Schuhe und Taschen der portugiesischen Marke.

160 [X21] **Didimara,** R. do Barão, 31, Tram 28 u. 12 bis Sé, Mo.–Fr. 9–19, Sa. bis 15 Uhr. Hinter der Kathedrale hat die französische Modemacherin Didi Mara ihren Shop mit Atelier und kleinem Café. Kleider, T-Shirts und weitere Kreationen zu erschwinglichen Preisen realisieren zwei Näherinnen. Zudem gibt es hier hochwertige, schicke Korktaschen.

161 [U20] **Fátima Lopes,** R. da Atalaia, 36, Metro: Baixa-Chiado, Mo.–Sa. 15–21 Uhr, www.fatima-lopes.com. Boutique der portugiesischen Trendsetterin für flotte Schnitte.

162 [V21] **Gardenia,** R. Garrett, 54, Metro: Baixa-Chiado, Mo.–So. 10–22 Uhr. Modischer Shop für Kleider, Accesoires und Schuhe von Fly London.

163 [W20] **Guimarães,** R. Dom Duarte, 3, Metro: Martim Moniz, www.calcado guimaraes.pt, Mo.–Sa. 9.30–19, So.

10–19 Uhr. Eine der zentralsten Filialen der portugiesischen Schuhmarke.

164 [U19] **Lidija Kolovrat**, R. Dom Pedro V, 79, Metro: Rato, www.lidijakolovrat.org, Mo.–Sa. 10.30–20 Uhr. Kreationen der in Bosnien-Herzegowina geborenen Modeschöpferin.

165 [T19] **Nuno Gama**, R. do Século 171, Metro: Rato, Mo.–Sa. 10–20 Uhr. Modisches für Männer auf 560 m² von einem in Lissabon beliebten Designer.

166 [Q22] **Paez & Happy Socks**, R. das Janelas Verdes, 90, Bus 25, www.paez.pt, Mo.–Fr. 11–20, Sa. 11–17 Uhr (mittags 14.30–15.30 Uhr geschl.). Social Fashion aus Argentinien in Lapa. Farbenfrohe, kreative Schuhkollektion vom Espandrillo- bis zum knöchelhohen Turnschuhstyle, umweltbewusst hergestellt. Die Erlöse gehen z. T. in Entwicklungshilfeprojekte.

167 [U18] **Rosa & Teixeira**, Av. da Liberdade, 204, Metro: Avenida, www.rosaeteixeira.pt, Mo.–Sa. 10–19.30 Uhr. Der renommierte Herrenausstatter führt internationale und eigene Marken. Gute Adresse für Männer, die sich gediegen und elegant neu einkleiden möchten.

168 [U20] **Rosa 78**, R. da Rosa, 78, Metro: Baixa-Chiado, Mo./Di., Sa. 12–20, Mi.–Fr. bis 23 Uhr. Schmuck, Mode, Accessoires und Handwerkskunst verschiedener junger Designer.

169 [U20] **Skunkfunk**, R. do Norte, 113, Metro: Baixa-Chiado, Mo.–Sa. 13–24 Uhr. Funkige, gut tragbare Mode im Bairro Alto.

170 [V22] **Storytailors**, Cç. do Ferragial, 8, Metro: Baixa-Chiado, www.storytailors.pt, Mo.–Sa. 12–19 Uhr. Maßgeschneiderte Kreationen der beiden jungen Erfolgsdesigner João Branco und Luís Sanchez, auch von Madonna gern getragen. Man darf sich umsehen.

171 [V21] **Vintage Bazaar**, Lg. da Academia Nacional de Belas Artes, 5, Metro: Baixa-Chiado, www.vintaba

zaar.pt, Mo.–Sa. 10–19 Uhr. Hübsche und individuelle Vintage-Kleider aus Portugal zu erschwinglichen Preisen, da die Stoffe aus Asien importiert werden.

Kunsthandwerk, Azulejos und Deko

172 [X21] **A Arte da Terra**, R. Augusto Rosa, 40, Tram 28 u. 12 bis Limoeiro, www.aartedaterra.pt, tgl. 11–20 Uhr. Große Auswahl an Kunsthandwerk, u. a. *lenços de namorados* („Taschentücher der Verliebten", Stickereien, die Mädchen ihren Liebhabern schenkten, wenn sie auf Reisen gingen). Das Gebäude war vor dem Erdbeben von 1755 Teil des Bischofspalasts.

173 [V21] **A Vida Portuguesa**, R. Anchieta, 11, Metro: Baixa-Chiado, www.avidaportuguesa.com, Mo.–Sa. 10–20, So 11–20 Uhr. Portugiesische Produkte, nostalgisch aufgemacht: Porzellan, Seife, Öl, Figuren, Sardinen etc.

174 [X21] **Aldeias do Xisto**, R. Augusto Rosa, 5, Tram 28 u. 12 bis Limoeiro, tgl. 10.30–19.30 Uhr. Originelles portugiesisches Kunsthandwerk, Accessoires und Modeschmuck. Die Erlöse gehen z. T. in Projekte für nachhaltige Tourismusentwicklung.

075lb Abb.: ps

△ *Handgemalte Azulejos aus der Fabrik Sant'Anna (s. S. 89)*

014Ib Abb.: ps

175 [V21] **Bairro Arte,** R. Paiva de Andrade, 2, Metro: Baixa-Chiado, www.bairroarte.com, tgl. 12–1 Uhr. Souvenirs von Nachwuchsdesignern – Bilder, Schürzen, Mousepads, Schreibblocks, Dosen mit Tram-Motiven, Schilder, T-Shirts etc.

176 [W21] **Botão Dourado,** R. da Conceição, 115, Tram 28 bis R. da Conceição, Metro: Rossio, Mo.–Sa. 10–19 Uhr. Knöpfe und andere Kurzwaren im nostalgischen Laden.

177 [W21] **Brilhante,** R. da Conceição, 79–81, Tram 28 bis R. da Conceição, Metro: Rossio, Mo.–Sa. 10–19

Azulejos

Azulejos sind **typisch portugiesische Wandfliesen,** die viele Fassaden und die Innenwände von Kirchen, Geschäften, Cafés und sogar U-Bahnhöfen in Lissabon schmücken. Die Kachelkunst hat in Portugal eine lange Tradition, die auf die Herrschaft der Mauren zurückgeht. Der Name „Azulejo" leitet sich aus dem Arabischen ab: „Al-Zuleig" (polierter Stein). Im **Museu Nacional do Azulejo** (s. S. 58) kann man sich einen Überblick über die Azulejo-Kunst in Portugal verschaffen. Auch ein Besuch des **Palácio dos Marqueses de Fronteira** (s. S. 40) lohnt sich.

Uhr. Das Geschäft zählt zu den ältesten in dieser Straße. Es präsentiert in Holzschubladen und Regalen eine Riesenauswahl an Stoffen, Knöpfen, Seidenschals, Mützen etc.

178 [V20] **Companhia Nacional de Música (CNM),** R. Nova do Almada, 60–62, www.cnmusica.com, Mo.–Fr. 10–20, Sa. 10.30–20 Uhr. Portugiesische Gitarren und CDs – Lissabons ältestes Musikgeschäft hat auch einen Onlineshop.

179 [U19] **Fabrico Infinito,** R. Dom Pedro V, 74, Metro: Rato, www.fabricoinfinito. wordpress.com, tgl. 11–19 Uhr. In dem loftartigen Laden gibt es originelle Designerprodukte, z. B. Kopfhörer mit echten Muscheln. Einiges kreiert die Inhaberin Marcela Brunken selbst. Die Brasilianerin hat 15 Jahre in München gelebt und spricht gut Deutsch. Es gibt auch Bücher, Schmuck, Bilder und *pastéis de nata* (Puddingtörtchen) im Café mit kleinem Garten hinter dem Haus.

180 [U19] **Hippie Store,** Av. da Liberdade, 13 A, Metro: Restauradores u. Avenida, tgl. 9–24 Uhr. Dieser Souvenirshop verkauft im Sommer bis Mitternacht auch Getränke, Zigaretten und einige Lebensmittel.

181 [W21] **Madeira House,** R. Augusta, 133, Metro: Rossio, www.madeira-house.com, tgl. 10–20 Uhr. Kunsthandwerkliche Souvenirs aus Portugal und Madeira.

182 [V21] **Paris em Lisboa,** R. Garrett, 77, Metro: Baixa-Chiado, www.parisemlisboa.pt, Mo.–Sa. 10–19 Uhr. Traditionsgeschäft von 1888 mit stilvoller Holzeinrichtung. Schon 1902 Lieferant des Königshauses. Bettwäsche, Tischdecken, Handtücher, Stoffe, Seide und Stickereiwaren.

183 [X21] **Ponto LX,** R. Augusto Rosa, 23, Tram 28 u. 12 bis Limoeiro, Mo.–Sa. 11–19 Uhr. Kreative, meist von der Inhaberin selbst genähte Souvenirs. Oft baumeln vor der offenen Tür große, bunte Stoffsardinen.

🛍**184** [W21] **Retrosaria Bijou**, R. da Conceição, 91, Tram 28 bis R. da Conceição, Metro: Rossio, Mo.–Sa. 10–19 Uhr. In diesem historischen Laden steht der Inhaber noch persönlich hinter der Theke und bietet Schmuck, Knöpfe und weitere Kurzwaren feil.

🛍**185** [U21] **Sant'Anna**, R. do Alecrim, 95, Metro: Baixa-Chiado, www.santanna. com, Mo.–Sa. 9.30–19 Uhr. Ausstellung handgemalter Azulejos und Fayencen aus der eigenen Fabrik, die noch dieselben Techniken einsetzt wie im Jahr der Gründung 1741.

Kulinarisches, Wein und Spirituosen

🛍**186** [V20] **Casa Macário**, R. Augusta, 272, Metro: Rossio, www.casamacario. com, Mo.–Sa. 9–20 Uhr. Der fotogene, schon 1913 gegründete Weinhandel in Lissabons Fußgängerzone bietet eine große Auswahl an Portwein, Kaffee, Bonbons und Gourmetprodukten.

🛍**187** [W21] **Conserveira de Lisboa**, R. dos Bacalhoeiros, 34, Metro: Terreiro do Paço, www.conserveiradelisboa.pt, Mo.–Sa. 9–19 Uhr. Die traditionsreiche Fischkonservenhandlung gibt es seit den 1930er-Jahren.

🛍**188** [V20] **Manteigaria Silva**, R. Dom Antão de Almada, 1 D, Metro: Rossio, www.manteigariasilva.pt, Mo.–Sa. 9–19 Uhr. Getrockneter *bacalhau* (Kabeljau), Schinken, Käse u. v. m. sind hier günstig zu erstehen.

🛍**189** [V20] **Manuel Tavares**, R. Betesga, 1 A u. 1 B, Metro: Rossio, www.manuel tavares.com, Mo.–Sa. 10–19 Uhr. Alteingesessenes Geschäft für Delikatessen, Wein, Portwein und Spirituosen.

🛍**190** [W21] **Napoleão**, R. dos Fanqueiros, 70, Tram 28 bis R. da Conceição, www.napoleao.co.pt, Mo.–Fr. 9.30–20, Sa. ab 8.30, So. 15–19 Uhr. Portugiesische Weine (z. B. Moscatel), Madeira-

Weine, Portwein, Liköre (z. B. Ginjinha), Whisky und Souvenirs.

🛍**191** [V22] **Rei do Bacalhau**, R. do Arsenal, 56–58, Metro: Cais do Sodré u. Terreiro do Paço, Mo.–So. 10–20 Uhr. Typischer kleiner Lebensmittelladen mit großer Auswahl an getrocknetem Kabeljau.

Kaufhäuser und Einkaufszentren

🛍**192** [Q17] **Amoreiras Shopping Center**, Av. Eng. Duarte Pacheco, Metro: Rato, www. amoreiras.com, tgl. 10–23 Uhr. 1985 mit 300 Läden als eine der ersten Shoppingmalls Lissabons eröffnet. Weitläufig und dank überkuppelter Decken hell.

🛍**193** [V21] **Armazéns do Chiado**, R. do Carmo, 2, www.armazensdochiado. com, Mo.–So. 10–22, Restaurant bis 23 Uhr. In diesem Einkaufszentrum im Chiado gibt es 54 Geschäfte und Fast Food im OG. Im Kulturkaufhaus Fnac im UG Ticketvorverkauf und CDs.

🛍**194** [K8] **Centro Colombo**, Av. Lusíada, Metro: Colégio Militar/Luz, www. colombo.pt, tgl. 9–24 Uhr. Größte Shoppingmall der Stadt mit 400.000 m² Verkaufsfläche auf 3 Etagen, außerhalb des Stadtzentrums. Hier findet man alles vom Telefongeschäft über Fnac bis zum *Hipermercado* (Supermarkt im UG).

🛍**195** [f4] **Centro Vasco da Gama**, Av. Dom João II, Metro: Oriente, www.centro vascodagama.pt, tgl. 9–24 Uhr. Das Shoppingcenter mit ca. 200 Läden auf Lissabons Expo-Gelände designte der spanische Architekt Santiago Calatrava.

🛍**196** [S14] **El Corte Inglés**, Av. António Augusto de Aguiar, 31, Metro: São Sebastião, www.elcorteingles.pt, Mo.–Fr. 10–22, Sa. 10–23.30, So. u. feiertags 10–20 Uhr. Von der Metrostation geht es direkt in das riesige, mehrstöckige Kaufhaus der spanischen Kette.

◁ *Brilhante: Seide und Kurzwaren in einem Traditionsgeschäft von 1909*

Bücher

🔖 **197** [V21] **Bertrand**, R. Garrett, 73–75, Metro: Baixa-Chiado, www.bertrand.pt, Mo.–Sa. 10–20 Uhr. Die gut sortierte Buchhandlung führt auch englisch- und französischsprachige Bücher.

🔖 **198** [X21] **Fábula Urbis**, R. Augusto Rosa, 27, Tram 28 u. 12 bis Limoeiro, www.fabula-urbis.pt, tgl. 10–13.30 und 15–20 Uhr. Der Inhaber liebt Bücher und seine Stadt gleichermaßen. Er hat ca. 3000 Werke auf Lager, darunter alle interessanten deutschen Titel über Lissabon. Man kann auch Fado-Noten erstehen. Regelmäßig finden Events, kleine Ausstellungen und Lesungen in einem kleinen Raum mit Piano über der Buchhandlung statt. Der Laden liegt hinter der Kathedrale und war früher eine Tischlerei.

Shop 'n' Stop: Lost in Esplanada Bar

Schräg gegenüber dem kleinen Park auf dem Príncipe Real im Bairro Alto atmet ein umdekorierter Altbau **das Flair und die Farben Indiens**. In mehreren Räumen laden farbenfrohe, leichte Tücher, Sommerkleider und Accessoires zum Shoppen ein. Wer sich in den zahlreichen Modeläden auf der Rua Dom Pedro V und der Rua da Escola Politécnica beim Einkaufen verausgabt hat, kann sich anschließend auf der großen Terrasse hinter dem Haus unter bunten Schirmen entspannen – mit einer exzellenten Aussicht über Lissabon und abends bei Kerzenlicht. Es gibt Salate, Sandwiches, kleine portugiesische Gerichte, Kaffee, Tee, Drinks und Cocktails.

🔖 **202** [U19] **Lost in Esplanada Bar**, R. Dom Pedro V, 56 D, Metro: Rato, **Shop:** Mo.–Sa. 12–24 Uhr, **Bar u. Restaurant:** Mo. 16–24, Di.–Sa. 12.30–24 Uhr

Lissabon zum Träumen und Entspannen

Romantisch sind die **Miradouros**, die vielen Aussichtspunkte auf den Hügeln, die einen weiten Blick über die Dächer der Stadt und den Tejo eröffnen. Für die frühen Abendstunden empfehlen sich besonders der Miradouro de Santa Catarina oder der Miradouro da Senhora do Monte.

★ **199** [X19] **Miradouro da Graça**, Tram 28 bis Graça

★ **200** [X18] **Miradouro da Senhora do Monte**, Tram 28 bis Graça

❯ **Miradouro das Portas do Sol** ⑭

★ **201** [T21] **Miradouro de Santa Catarina**, Metro: Baixa-Chiado, Tram 28 bis Santa Catarina

❯ **Miradouro de Santa Luzia** ⑭

❯ **Miradouro de São Pedro de Alcântara** (s. S. 32)

Zu den schönsten **Stadtparks Lissabons** zählt der Jardim da Estrela hinter der Basílica da Estrela ㉜ (Tram 28). Im Sommer liegen die *Lisboetas* hier auf den Wiesen neben den Ententeichen und zwischen den Skulpturen, während die Kinder auf dem Spielplatz toben. Alte Bäume, teilweise aus tropischen Gefilden, spenden Schatten. Ab und zu kommen Musiker, Tänzer oder Gaukler in den Park. Die **Füße in den Tejo halten** und den Fähren und Schiffen nachschauen – das geht besonders gut auf den Treppen am Flussufer der Praça do Comércio ❶ bis zum Cais do Sodré. Auf den Wiesen und Terrassen der Kioske lässt sich die Sonne genießen, während ab und zu ein Kreuzfahrtschiff vorbeigleitet. Wer von den Wellen nicht genug kriegen kann, sollte einen **Ausflug zum Baden an die Strände** unternehmen (s. S. 52).

Traumhaft ist bei gutem Wetter ein **Ausflug mit der Fähre** vom Cais do Sodré [U22] an die andere Flussseite nach Cacilhas. Am Cais do Ginjal geht es an größtenteils leer stehenden Häusern am Tejo entlang. Vielleicht holt ein Angler gerade einen Fisch aus dem Wasser oder man genießt einfach die Brise und die fantastische Sicht. Auf einem Kaimauervorsprung sitzt man vom Tejo umspült auf der Terrasse des Restaurants Ponto Final (s. S. 75). Einige 100 m weiter fährt der **Panoramaaufzug Elevador Panorâmico da Boca do Vento** hinauf in den kleinen Ort Almada. Von hier reicht der Blick über den Kai von Cacilhas zur Skyline von Lissabon, zur Ponte 25 de Abril und zu den Booten auf dem Tejo. Zurück zum Fähranleger fährt Bus 101.

★**203 Elevador da Boca do Vento,**
R. do Ginjal, Av. Cristo Rei Almada,
Bus 101

Mit dem Bus 101 kommt man auch zur **Cristo-Rei-Statue.** Das insgesamt 110 m hohe Betonmonument nach dem Vorbild der Christusstatue in Rio de Janeiro wurde 1959 eröffnet – zum Dank dafür, dass Lissabon vom Zweiten Weltkrieg verschont geblieben war. Die Aussicht von der Plattform oben ist einmalig und reicht bis ins Alentejo.

★**204 Santuário Nacional de Cristo Rei,**
Alto do Pragal, Almada, Bus 101,
www.cristorei.pt, tgl. 9.30–18 Uhr,
an Wochenenden im Sommer bis
19 Uhr, 5 €

⌂ *Miradouro de São Pedro de Alcântara: plätschernde Brunnen und schöne Aussicht*

⌂ *Sommerkonzert auf der Open-Air-Bühne vor der Oper, dem Teatro Nacional de São Carlos (s. S. 83)*

(s. S. 83)

Zur richtigen Zeit am richtigen Ort

Lissabon bietet das ganze Jahr über Musik- und Filmfestivals, doch am intensivsten feiert die Stadt ab dem **12. Juni den heiligen António.**

Der portugiesische Schutzheilige der Liebenden, Armen, Kinder und Vergesslichen wurde 1195 in der Alfama geboren und starb am 13. Juni 1231 bei Pádua. Ihm zu Ehren ist Lissabon am 12. Juni mit bunten Girlanden und Laternen geschmückt. In der Kathedrale Sé ⓬ schließen mittellose Paare bei einer von der Stadt gesponserten öffentlichen Hochzeit den Bund der Ehe. Auf der Avenida da Liberdade ㉖ jubeln Tausende von den Tribünen den Tanzgruppen der *Marchas Populares* (Volksmärsche) zu. Die Nachbarschaftsklubs der Viertel bereiten sich monatelang auf dieses Ereignis vor. Entsprechend spektakulär sind die Kostüme und Choreografien bei dem rund fünfstündigen Umzug, der einem Wettbewerb zwischen den Vier-

EXTRATIPP

Deutsche Zeitungen im Goethe-Institut

In Ruhe zum Tee oder Kaffee eine deutsche Zeitung lesen kann man im lauschigen Garten des Goethe-Instituts am Campo dos Mártires da Pátria. Um Kontakte mit Portugiesen zu knüpfen, die Deutsch lernen wollen und zum Austausch mit Deutschen, die schon länger in Lissabon leben, ist das Goethe-Institut ebenfalls eine gute Adresse. Von der Baixa aus fährt der Ascensor do Lavra, Lissabons älteste Standseilbahn, ab der Rua das Portas de Santo Antão/Rua São José zur Rua Câmara Pestana hoch. Danach geht es zu Fuß zum Institut weiter.

ℹ **205** [V18] **Goethe-Institut,** Campo dos Mártires da Pátria, 37, Metro: Restauradores, dann Ascensor do Lavra, www.goethe.de/portugal, Tel. 218824510, Bibliothek Mo. 10–20, Di, Do, Fr 14–20, Sa 13–18 Uhr

EXTRAINFO

Ticketverkauf

Tickets bekommt man entweder ab 1,5 Std. vor Veranstaltungsbeginn an der Abendkasse, online über die Website des jeweiligen Veranstalters oder über **www.ticketline.pt.** Ticketvorverkauf bieten auch die Filialen der **Kulturkaufhauskette Fnac,** zu finden etwa in den Einkaufszentren **Armazéns do Chiado** (UG) und **El Corte Inglés** (beide s. S. 89).

Gesetzliche Feiertage

> **1. Januar:** Neujahrstag (*Dia de Ano Novo*)
> **Faschingsdienstag:** Karneval (*Carnaval/Entrudo*)
> **Karfreitag** (*Sexta-feira Santa*)
> **Ostersonntag** (*Páscoa*)
> **25. April:** Tag der Freiheit (*Dia da Liberdade*), Jahrestag der Nelkenrevolution
> **1. Mai:** Tag der Arbeit (*Dia do Trabalhador*)
> **Pfingstsonntag** (*Pentecostes*)
> **10. Juni:** portugiesischer Nationalfeiertag (*Dia de Portugal/Dia de Camões*)
> **15. August:** Mariä Himmelfahrt (*Assunção de Nossa Senhora*)
> **1. November:** Allerheiligen (*Dia de Todos os Santos*)
> **8. Dezember:** Mariä Empfängnis (*Imaculada Conceição*)
> **25. Dezember:** Weihnachten (*Natal*)

teln gleicht. Abends feiert die ganze Stadt in den Straßen. Es gibt Brot, Wein und Sardinen vom Grill und zu Volksmusik und Fado wird getanzt. Nach ein paar Stunden riecht man selbst wie eine gegrillte Sardine. Noch bis zu vier Wochen danach herrscht ein wenig Volksfeststimmung bei Fado-Wettbewerben in den Gassen, *Bailes Populares* (Volkstänzen) mit Musik, Preisverleihungen und kostenlosen Konzerten (Programminfos unter www.festasde lisboa.com).

Die **Sommerpause** beginnt erst in den ruhigeren, heißen Monaten August und September. Im Juni/Juli gibt die Oper auf dem Vorplatz des Teatro Nacional de São Carlos kostenlose Open-Air-Vorstellungen und das Amphitheater der Gulbenkian-Stiftung wird zur Kulturbühne.

Ganzjährig lohnt ein Blick in das monatlich erscheinende, kostenlose, englischsprachige **Magazin „Follow me Lisboa"**, das auch über die Internetseite von Visit Lisboa abrufbar ist (www.visitlisboa.com/Veroffentli chungen.aspx).

Auch die nahen Städte Estoril, Sintra und Cascais bieten viele kulturelle Events.

Januar bis April

> **Karneval:** Alljährlich im Februar feiert Lissabon Karneval mit bunten Kostümen, närrischen Umzügen, Open-Air-Konzerten und Partys.
> **Indie Lisboa:** zehntägiges internationales Independent-Filmfestival Ende April, Info: www.indielisboa.com

Mai bis Juni

> **1. Sonntag im Mai:** Prozession ab 16 Uhr um die kleine Kirche Nossa Senhora da Saúde, die der Schutzpazronin der Gesundheit geweiht ist, am Praça Martim Moniz [W19] zum Dank für das Ende der Pestepidemie im Jahr 1569

> **Feira do Livro de Lisboa:** Buchmesse im Parque Eduardo VII ❷❽ Anfang Mai, Info: www.feiradolivrodelisboa.pt
> **Arte Lisboa:** Internationale Messe für zeitgenössische Kunst Ende Mai/Anfang Juni in den Messehallen im Parque das Nações ❹❶
> **Fest des hl. Antonius** (12./13. Juni): *Casamentos de Santo António*. Eine gesponserte Hochzeit der vom Rathaus ausgewählten Paare in der Kathedrale Sé ❶❷, *Marchas Populares de Lisboa* auf der Avenida da Liberdade ❷❻ und zahlreiche Straßenfeste, Info: www.festasdelisboa.com.
> **Dia de São João** (24. Juni): Straßenfeste zur Johannisnacht
> **Dia de São Pedro** (29. Juni): Straßenfeste, Ausstellungen und Konzerte

Juli bis August

> **Festival Delta Tejo:** dreitägiges Weltmusikfestival Anfang Juli im Parque Florestal de Monsanto [K11]
> **Super Bock – Super Rock:** von einer großen Brauerei gesponsertes Rockfestival an den ersten beiden Juliwochenenden, Info: www.superbocksuperrock.pt

> **Sintra Festival:** zweiwöchiges klassisches Musik- und Tanzfestival Anfang Juli in den Schlössern von Sintra und Queluz, Info: www.festivaldesintra.pt
> **Nos Alive Festival:** dreitägiges Rockfestival am Tejo in Oeiras Mitte Juli, Info: www.nosalive.com
> **Cool Jazz Festival:** Open-Air-Jazzkonzerte rund um Cascais im Juli, Info: http://edpcooljazz.com
> **Jazz em Agosto:** zehntägiges internationales Jazzfestival, initiiert von der Gulbenkian-Stiftung, Info: www.musica.gulbenkian.pt/jazz

September bis Dezember

> **Doclisboa:** Das elftägige Dokumentarfilmfestival präsentiert Mitte Oktober nationale und internationale Dokumentarfilme, Info: www.doclisboa.org.
> **Rock'n'Roll Lisboa:** Marathon durch die Stadt Anfang Dezember, Info: www.runrocknroll.com/lisbon
> **Silvester:** Partys und großes Feuerwerk auf der Praça do Comércio ❶

⌂ *Tanz auf den Plätzen der Stadt beim Fest des hl. Antonius*

LISSABON VERSTEHEN

Das Antlitz Lissabons

„Der Tejo ist das einzige Zeugnis unseres Lebens, nicht die Stadt", heißt es in einem Song der bekannten portugiesischen Band Madredeus. Der breite Strom ist die Verbindung der „weißen Stadt" auf sieben Hügeln zur großen weiten Welt. Als Horizontlinie am Ende des westlichen Europas steht der Tejo seit den Zeiten der Entdeckungsreisenden für Träume vom Aufbruch in die Zukunft. Eine Quelle der Inspiration ist auch Lissabons ganz besonderes Licht. Die Sonne des Südens hebt die Stadt aus dem Nebel, mildert die Kontraste und lässt sie glanzvoll erstrahlen. „Im hellen Tageslicht glänzen sogar die Geräusche", schrieb der Lyriker Fernando Pessoa (1888–1935). Man erlausche die über das schimmernde Pflaster eilenden Schritte, die Wellen des Tejo, das Rauschen auf der roten Brücke Ponte 25 de Abril, die Stimmen in den Straßen und Bars, den Fado – und empfinde die Stadt wie ihre Dichter und Denker zuvor als sinnliches Erlebnis.

Die „Schöne am Tejo", für viele Flüchtlinge im Zweiten Weltkrieg „Hafen der Hoffnung" und heute trotz Wirtschaftskrise und sozialer Kontraste reichste Stadt des Landes, hat **viele Gesichter** und steckt voller Überraschungen. Es gibt das Lissabon der Schuhputzer in der Baixa, das Lissabon der barocken und reich mit Azulejos verzierten Klöster und Kirchen, das Lissabon der Einwanderer aus Afrika und Brasilien, das Lissabon der alten Adelspaläste und repräsentativen Stadthäuser, das Lissabon der Dienstleistungen und des Kommerzes an den *Avenidas Novas* (Neuen Alleen), das Lissabon der Museen, Entdecker und kleinen Jachthäfen in Belém und das Lissabon der Nachtschwärmer.

◁ *Vorseite: Wohnen am Fuß der Mouraria: zentral, aber eng*

▷ *Immer wieder geben die Straßen den Blick auf den Fluss frei*

▽ *Blick von Cacilhas und Almada über den Tejo*

037lb Abb.: ps

Auf dem Hügel, wo heute die Mauern des Castelo de São Jorge  thronen, fand man einst **die ersten Spuren der Besiedlung.** Von der Burg und dem Burgberg aus begann Lissabon zu wachsen. Hier steht auch der Dom, die Kathedrale Sé ⑫, die als Bischofssitz fungiert. Die Alfama zu Füßen der Burg zählt zu ihren ältesten Vierteln. Sie ist maurischen Ursprungs und eine Hochburg des Fados. Heute üben ihre Gassen auf Touristen eine magnetische Anziehungskraft aus. Auf das **Judenviertel** des 12. Jh. weist nur noch der Straßenname Rua da Judiaria hin, in der es auch eine Synagoge gab.

Bröckelnder Charme – die Alfama

„Die Alfama ist eine Reliquie des alten Lissabons – des Lissabons der schrecklichen Pestepidemien. Zum Wohle der Volksgesundheit hätte hier schon längst die Spitzhacke geschwungen werden müssen. (...) Es verlangt beinahe Heldenmut, die schiefen Treppen mit wurmstichigen Stufen, die unter jedem Tritt knarren, hinaufzusteigen. (...) Zwei, bestenfalls drei Zimmer für eine sechs-, sieben- oder achtköpfige Familie!" So empörte sich 1903 der brasilianische Autor Alfredo Mesquita (1907–1986). Das Viertel blieb **vom Großen Erdbeben 1755 verschont**, woraufhin der hartgesottene Stadtsanierer Marquês de Pombal (1699–1782) gesagt haben soll, er wünsche sich ein weiteres Erdbeben, das nach der Baixa auch die Alfama verschlucke. Heute sind hygienische Bedenken nicht mehr angebracht und die Treppen aus Stein haben Geländer.

Der portugiesische Literaturnobelpreisträger José Saramago (1922–2010) beschrieb die Alfama 1981 nicht mehr als Schandfleck, sondern als „Fabeltier", das seine Geheimnisse bewahrt und sich im Sardinenqualm am Antoniustag Fremden gegenüber am leutseligsten gibt. Doch auch er schreibt: „Häuser gibt es, in die noch nie ein Sonnenstrahl gefallen ist, und die Wohnungen im Erdgeschoss haben als einziges Fenster eine geöffnete Türluke."

Heute sind viele Häuser **weiß oder pastellfarben gestrichen.** Plastikplanen baumeln schützend über so mancher Wäscheleine. Auf den Fenstersimsen stehen Geranien und Kanarienvogelkäfige. Wie häufig in Lissabon sind auch in der Alfama die Fassaden zum Schutz vor Feuchtigkeit gekachelt. Permanente Gerüste stützen verfallene Häuser. Ab und zu werden sie gegen Rost gestrichen. Das Geld für Renovierungen fehlt. Und wenn doch einmal ein Haus restauriert wird, stößt man bei Bauarbeiten mitunter auf archäologische Funde. Dann ist sofortiger Baustopp der Grund für das permanente Provisorium.

Glanz im Herzen der Baixa

Kronjuwel der Unterstadt ist die Praça do Comércio ❶. Hier ließ König Manuel I. 1511 sein Schloss errichten. Die **labyrinthischen Gassen** hinter dem Platz, an dem seine Segelschiffe ihre Ladung löschten, waren ein Eldorado für Kaufleute, Geldwechsler und Gewürzhändler. In der Baixa schlug das Herz einer der reichsten Städte Europas, bis das Große Erdbeben von 1755 mitsamt einem Tsunami alle Pracht von einem Tag auf den anderen in Schutt, Schlamm und Asche versinken ließ (s. Exkurs unten).

Im Zuge des Wiederaufbaus unter Marquês de Pombal erhielt die Unterstadt den Namen „Baixa Pombalina" und trägt seitdem die imponierenden architektonischen Züge des 18. Jh. Aufklärung, Barock und die Vorbilder Paris und London inspirierten zu neuen **Straßenzügen im Schachbrettmuster** und einer Bauweise, die Brandschutzkriterien berücksichtigte.

Auch die **Zahlensymbolik der Freimaurer** soll die Stadtplanung des Marquês beeinflusst haben: Sieben Längs- und sieben Querstraßen bestimmen die symmetrische Anlage und mit der Praça da Figueira ❽ ließ er für den Markt einen dritten Haupt-

Unvergessen: das Große Erdbeben von 1755

*Das Große Erdbeben von 1755 erschütterte Lissabon so sehr, dass die „Lisboetas" bis heute von „davor" und „danach" sprechen, als gebe es zwei Zeitrechnungen. Am 1. November 1755 um 9.40 Uhr ereignete sich innerhalb von etwa einer Viertelstunde eine **Naturkatastrophe von in Europa bisher unbekannter Dimension.** Schockierte Zeitgenossen wie Voltaire begannen, öffentlich an Gott zu zweifeln. Im **Lisboa Story Centre** (s. S. 55) wird das Beben mit moderner Technik für heutige Besucher anschaulich gemacht.*

*Bis heute ist die **Ruine des Convento do Carmo** ⓴ ein Mahnmal für die zerstörerische Kraft eines Seebebens, das die Stärke neun auf der Richterskala erreichte. Seinen Ursprung hatte das Beben 200 km vor dem Kap São Vicente und war Hunderte Kilometer weit an der Atlantikküste in Afrika und Europa zu spüren. Lissabon wurde im Handumdrehen unter Schutt, Schlamm und der **Flutwelle eines Tsu**-*

nami begraben. Hinzu kamen tagelange Brände.

*Von 250.000 Einwohnern verloren Schätzungen zufolge 60.000 bis 100.000 ihr Leben, von 30.000 Gebäuden blieben nur 3000 übrig. Zerstört war der Palast Paço da Ribeira von König José I., verschwunden war das Gedächtnis der Nation, die riesige Staatsbibliothek mitsamt ihren wertvollen Beständen, z. B. den Aufzeichnungen von Vasco da Gama und den Gemälden von Tizian und Rubens. Der Untergang einer der damals reichsten Städte Europas war besiegelt und ist im **Palácio Pimenta** (Museu de Lisboa, s. S. 56) anschaulich dokumentiert.*

*Lissabons Wiederauferstehung ermöglichten Gold und Diamanten aus Portugals Kolonialreich. Den Wiederaufbau der kompletten Baixa ging der strenge **Marquês de Pombal** (1699-1782) pragmatisch und systematisch an. So entstand das neue Lissabon der Zeitrechnung nach der Katastrophe.*

027/b Abb.: ps

platz anlegen, der mit dem Rossio (und der Praça de Dom Pedro IV) ein Dreieck bildet. Läden und Handwerksbetriebe aus alten Zeiten gibt es heute nicht mehr, aber Straßennamen wie Rua dos *Fanqueiros* (Stoffhändler), Rua dos *Sapateiros* (Schuhmacher), Rua da *Prata* (Silberschmiede) und die Rua dos *Douradores* (Vergolder) weisen darauf hin, dass der Wiederaufbau in der Baixa einiges an systematischer Ordnung mit sich brachte.

Bei der 2012 beendeten 10 Mio. € teuren **Restaurierung der Praça do Comércio** besannen sich Stadt und Tourismusverband auf den Freizeitwert der repräsentativen Gebäude, in denen bislang Ministerien residierten. In einem riesigen Block an der Nordwestseite ist das Gebäude des Pátio da Galé Schauplatz für Events und Sitz von Turismo de Lisboa (s. S. 115). Cafés, Restaurants, eine Disco und das Lisbon Story Center säumen den Platz, der zum zentralen Treffpunkt für Schickeria, Partyvolk und Touristen avancierte. Im Sommer sind die Treppen und der Park beliebt, eine Flaniermeile, die sich seit 2013 bis zum Cais do Sodré [U22] erstreckt.

Den Fluss überbrücken

Das einst Welten verbindende Wasser des Tejo erwies sich im 20. Jh. eher als Hindernis, das es im Zeichen der modernen Technik zu überbrücken galt. Eines der Wahrzeichen der Tejo-Metropole ist die 3,2 km lange, doppelstöckige **Hängebrücke Ponte 25 de Abril** [M25]. Vom Burghügel, den Aussichtspunkten und vom Flussufer aus hat man das markante Bauwerk zwischen Alcântara und Almada am Südufer stets im Blick. Oben fahren Autos über eine sechsspurige Autobahn, unten Personenzüge. Die heute nach dem Datum der Nelkenrevolution benannte Brücke ähnelt der Golden Gate Bridge von San Francisco, ist aber kleiner. Die American Bridge Company erbaute sie bis 1966 mit aus den USA importiertem Stahl nach dem Vorbild der San Francisco Bay Bridge. Der Ausbau für den Schienenverkehr erfolgte bis 1999, u. a. mit EU-Subventionen.

⌂ *Zum Tejo hin offen:*
die Praça do Comércio ❶

Zur Weltausstellung 1998 erhielt Lissabon neben der **futuristischen Architektur** im gerade entstandenen Stadtviertel Parque das Nações ❹ – trotz Protesten von Umweltschützern – auch die zweite gewaltige Brücke, die **Ponte Vasco da Gama**. Mit mehr als 17 km zählt sie zu den längsten Brücken der Welt. Auf 155 m hohen Pfeilern führt sie die Autobahn A12 aus Lissabon heraus in Richtung Montijo und Setúbal.

EXTRAINFO

Zahlen und Fakten
> **Gegründet:** 1200–1000 v. Chr. von den Phöniziern
> **Einwohner:** ca. 548.000 (2,04 Mio. in der Metropolregion)
> **Bevölkerungsdichte:** 6600 Ew./km²
> **Fläche:** 84,7 km²
> **Höhe ü. M.:** 6 bis 226 m
> **Lebensqualitätindex (Mercer):** Rang 41 weltweit

Von den Anfängen bis zur Gegenwart

Archäologische Ausgrabungen belegen die erste Besiedlung durch die Phönizier rund 1200 bis 1000 v. Chr. Die vom Großen Erdbeben von 1755 so gut wie verschonte Alfama lässt noch viele Elemente maurischer Architektur erkennen. In Kirchen und Palästen offenbart sich auf Schritt und Tritt die bewegte Geschichte der einstigen Seefahrermetropole. Der Wiederaufbau nach dem Erdbeben prägte die Baixa. Art-déco-Häuser und die großen Gebäude rund um die Avenida da Liberdade ❷⑥ *demonstrieren den ersten bürgerlichen Wohlstand, die Tejo-Brücken und der Bauboom im Parque das Nações* ❹⓿ *den Fortschritt.*

Phönizier und Römer bestimmen die Anfänge in der Stadt am Tejo. Noch vor der maurischen Herrschaft auf der Iberischen Halbinsel führen die Westgoten in Portugal das Christentum ein. Die Wurzeln der Azulejo-Kultur, süße Nachspeisen mit Mandeln und die Namen der Stadtviertel Mouraria („Maurenviertel") und Alfama belegen jedoch **das maurische Erbe**.

1147 ernennt sich der burgundische Kreuzritter Dom Afonso Henrique (Alfons I.) zum ersten König von Portugal, 1256 wird Lissabon offiziell zur Landeshauptstadt. Ferdinand I. und Heinrich II. von Kastilien sind im 14. Jh. die ersten Verfechter der Streitigkeiten mit dem expansionshungrigen Nachbarn Spanien. König Manuel I. lässt im 15. Jh. das Hieronymus-Kloster (Mosteiro dos Jerónimos) ❸⑥ errichten, ein Symbol für die florierende Wirtschaft und Kultur im **Goldenen Zeitalter Portugals als Seemacht**.

Im 16. Jh. führen **Erdbeben, Pest, Inquisition und Kriege** zum Niedergang. Das Jahr 1580 läutet 60 Jahre Fremdherrschaft unter dem spanischen König Philipp II. ein. Mit Dom João IV. beginnt 1640 die bis 1910 währende Dynastie des Königshauses Bagrança. Nach dem **Großen Erdbeben von 1755** (s. Exkurs S. 98) organisiert der Marquês de Pombal, Premierminister von Dom João VI., den schachbrettartigen Wiederaufbau Lissabons mit breiten Straßen.

Anfang des 19. Jh. zwingt Napoleon König Dom João VI. ins Exil nach Brasilien. Er stirbt wenige Jahre nach seiner Rückkehr 1821, seine Nachfolger liefern sich einen erbitterten Bruderkrieg. 1870 fährt in Lissabon die erste Dampfstraßenbahn, die Industrialisierung schreitet voran und 1910 wird die Republik ausgerufen. Nach zwei Weltkriegen folgt die mehr als 40-jährige **Salazar-Diktatur** („Estado Novo"), die im Jahr 1974 durch die **Nelkenrevolution** in den Straßen der Tejo-Metropole beendet wird.

Die **EU-Mitgliedschaft** ab 1986 bringt wirtschaftlichen Aufschwung mit sich. Die Expo 1998 erweist sich als ein Sprungbrett für die Stadtentwicklung, 2013 wurde die parkartige Flaniermeile bis zum Cais do Sodré [U22] fertig.

1200–1000 v. Chr. Iberer und Phönizier gründen den Handelshafen Alis Ubbo und besiedeln den Burghügel. Später soll Odysseus hier eine griechische Stadt gegründet haben.

218–201 v. Chr. Zweiter Punischer Krieg zwischen Karthago und Rom. Die Römer siegen und Julius Cäsar beherrscht die Provinz Lusitania. Lissabon hieß Olisipo.

Ab 48 v. Chr. Römisches Stadtrecht für Lissabon, nun Colonia Felicitas Iulia genannt. Errichtung einer römischen Stadtmauer.

472 n. Chr. Herrschaft der Westgoten und Beginn der Christianisierung

Ab 719 n. Chr. Eroberung durch die Mauren. Lissabon – Al-Aschbouna – zählt zu den wichtigsten Häfen im Kalifat von Córdoba. Aufschwung von Seefahrt, Handel, Medizin, Kunst und Architektur.

1147–1179 Lissabon wird 1147 von Kreuzrittern unter der Führung des Burgunders Dom Afonso Henriques (Alfons I.) zurückerobert. Papst Alexander III. erkennt das Königreich Portugal erst 1179 offiziell an.

11.–12. Jh. Dom Afonso Henriques Nachfolger Dom Sancho I. und II. sowie Alfons II. und III. setzen die Reconquista („Rückeroberung") fort. Mit dem Anschluss der Algarve an das Königreich 1250 ist etwa die Fläche des heutigen Portugals erobert.

1256 Alfons III. verlegt seine Residenz von Coimbra in die neue Hauptstadt Lissabon.

1288 Die erste Universität Portugals wird in Lissabon gegründet.

1344–1375 Erdbeben, Pest, Bau der Fernandinischen Stadtmauer unter Ferdinand I. (1375). Nachdem er 1367 König geworden ist, bricht er sein Versprechen, eine Tochter des Kastiliers Heinrich II. zu heiraten. 1373 plündert Heinrich II. Lissabon aus Rache.

1383 Die Revolution von Lissabon ist der erste Bürgeraufstand Europas. Die Handwerkerzünfte und der niedere Adel erheben sich gegen die Regierung der Witwe von Ferdinand II., Leonore Teles de Menezes. Der spätere König Dom João I. (Johann I.), Vater von Heinrich dem Seefahrer, führt den Aufstand an.

1385 Beginn der Dynastie Avis mit König Dom João I., Großmeister des Christusritter-Ordens von Avis, der dem Templerorden nachfolgte. Bau des Convento do Carmo zum Dank für den Sieg über die Kastilier.

▷ *Seefahrt zwischen Glaube und Legende, dokumentiert im Museu da Marinha (s. S. 56)*

1415–1560 Heinrich der Seefahrer (1394–1460) begründet den Reichtum Portugals durch den Kolonialismus und den Aufstieg zur Seemacht.

1506 verursacht ein Pogrom gegen Lissabons zwangsgetaufte Juden eine Auswanderungswelle. König Dom Manuel I. (1495–1521) fördert Kunst, Wissenschaft und Architektur (Hieronymus-Kloster, Torre de Belém). 1511 verlegt er seine Residenz vom Castelo de São Jorge an die Praça do Comércio.

1531 Tausende sterben bei einem Erdbeben. König Dom João III. verliert das Kolonialreich im Fernen Osten.

1536 Inquisition und wirtschaftlicher Niedergang

1578 Der kinderlose König Dom Sebastião (Sebastian I.) fällt in einer Schlacht gegen die marokkanischen Berber.

1580 Der Adel nominiert den spanischen König Philipp II. zum Thronfolger. 60 Jahre spanische Fremdherrschaft. Bau der Kirche São Vicente de Fora.

1640 Ende der spanischen Herrschaft. Mit dem Aufstand vom 1. Dezember (Nationalfeiertag) beginnt die bis 1910 während Dynastie Bagrança. João IV. (Johann IV.) besteigt den Thron. In Lissabon wird die spanische Statthalterin Herzogin von Mantua gestürzt.

1669 Friedensvertrag mit Spanien, nachdem mit englischer Hilfe zahlreiche Angriffe abgewehrt wurden

1699 Entdeckung der brasilianischen Goldminen und verschwenderische absolutistische Hofhaltung

1703 Methuen-Vertrag: Großbritannien darf Textilien in Portugal einführen und bekommt beim Portweinkauf die Exportsteuer erlassen.

1. November 1755 Beim Großen Erdbeben verlieren Zehntausende ihr Leben. Eine Tsunamiwelle reißt die Unterstadt nieder.

Seefahrernation jenseits des europäischen Horizonts

*Heinrich der Seefahrer (1394–1460) schickte von Lissabon die ersten Eroberer mit Segelschiffen auf den Atlantik, um sein Reich zu vergrößern. Mit Erfolg: Im Jahr 1415 kam Ceuta zu Portugal, 1419 Madeira, 1432 die Azoren, 1444 der Senegal und 1445 erreichte der Entdecker Dinis Dias das **Cabo Verde, den westlichsten Punkt Afrikas.** Ganze 15-mal versuchten die Portugiesen, das Kap Bojador an der Nordwestküste Afrikas südlich der Kanarischen Inseln zu umschiffen, um sich den afrikanischen Kontinent zu erschließen, bis es Gil Eanes 1432 gelang, das berüchtigte „Kap der Angst" zu bewältigen.*

*1456 spitzte sich der Streit zwischen Spaniern und Portugiesen um die Besitzrechte der neu entdeckten und kolonisierten Gebiete derart zu, dass Papst Nikolaus V. in einer Bulle den Spaniern die Kanaren zugestand. Die Portugiesen bekamen die **Gebiete ab dem Kap Bojador bis zur Südspitze Afrikas,** deren Ausmaße damals noch völlig unbekannt waren.*

*1488 umschiffte Bartolomeu Dias (um 1450–1500) das Kap der Guten Hoffnung. König Dom Manuel I. (1495–1521) setzte sich insbesondere für die **Entdeckung des Seewegs nach Indien** ein. Vasco da Gama (um 1469–1524) gelangte nach einer abenteuerlichen Eroberungsreise und Kämpfen gegen die Araber 1498 nach Kalikut an Indiens Westküste. 1500 entdeckte Pedro Álvares Cabral (um 1467–1526) **Brasilien,** 1508 erschloss Francisco de Almeida (um 1450–1510) mit der Ent-*

1750–1777 In die Regierungszeit von Dom José I. (Joseph I.) fällt der Wiederaufbau Lissabons nach dem Großen Erdbeben unter Marquês de Pombal.

1780 Erste Stadtbeleuchtung mit Öllaternen

1807–1811 Die Truppen Napoleon Bonapartes besetzen Portugal. Dom João VI. verwaltet 1808–1822 Portugal vom Exil in Rio de Janeiro aus. 1816–1820 regiert der britische Gouverneur Beresford.

1821 Die Ära des Absolutismus endet mit der Rückkehr von Dom João VI.

1826 Tod von João VI. und Bürgerkrieg der Miguelisten

1831 Dom Pedro I. (Peter I.) kehrt aus Brasilien zurück und kämpft als Pedro IV. mit Briten und liberalen Bürgern gegen das konservative Regime seines Bruders Miguel (Michael I.).

1834 Auflösung der Klöster im Zuge der Reformation

1870–1901 Beginn der Industrialisierung. Lissabon erhält 1870 die erste Dampfstraßenbahn, 1878 elektrische Straßenlaternen, 1884 die erste Standseilbahn, den Ascensor do Lavra, und 1901 die erste elektrische Straßenbahnlinie.

1908 König Dom Carlos I. (Karl I.) und der Thronfolger Luís Filipe (Ludwig Philipp) sterben bei einem Attentat auf der Praça do Comércio – der Anfang vom Ende der Monarchie.

1910 Der letzte Bragança-König, Dom Manuel II., flieht nach England. Am 5. Oktober wird auf dem Rathausplatz in Lissabon die Republik ausgerufen.

1916–1918 Portugal kämpft im Ersten Weltkrieg gegen Deutschland.

1926 Nach 44 Regierungswechseln bereitet ein Militärputsch dem späteren Diktator António de Oliveira Salazar (ab 1932 Ministerpräsident) den Weg zur Macht.

deckung der Malediven den Weg zu den Gewürzinseln. Ab 1503 verwaltete und steuerte die Verwaltungsbehörde Casa da Índia von Lissabon aus den Handel im Kolonialreich. Überall in der Welt von Afrika über Brasilien bis Asien gründeten die Portugiesen Missionen und Handelsniederlassungen. Sie verschifften kostbare Ware, Gewürze, Seidenstoffe, Edelsteine, Pflanzen, Tiere und auch Sklaven nach Hause.

Mit seiner **Erdumseglung in weniger als drei Jahren** von 1519 bis 1522 bestätigte **Ferdinand Magellan (1480–1521)**, dass die Erde rund ist wie eine Kugel, was Galileo Galilei bisher als These formuliert hatte. 1557 pachtete Portugal Macao von den Chinesen. **Lissabon war der Nabel des weltumspannenden Kolonialismus**

und erlebte ein Goldenes Zeitalter. Portugals Könige machten zahlreiche ihrer segelfreudigen Eroberungshelfer zu Adeligen und schenkten ihnen zum Dank Ländereien. In Lissabons Museen erinnern heute noch wertvolle indoportugiesische Möbel, Madonnenfiguren mit Mandelaugen oder japanische Paravents mit langnasigen portugiesischen Seemännern an die vielfältigen **kulturellen Vermischungen** während der Kolonialzeit.

Bis heute erscheinen ehemalige Kolonien wie Angola als Retter in der Wirtschaftskrise. Angola ist neben Brasilien Portugals größter Kunde außerhalb der EU. Heute setzen viele Portugiesen ihre Hoffnung wieder auf Wirtschaftsbeziehungen mit fernen Ländern, jenseits des europäischen Horizonts.

1933–1945 Salazar ruft 1933 den Estado Novo („Neuen Staat") aus. 1937 scheitert in Lissabon ein Attentat auf den Diktator. Im Zweiten Weltkrieg bleibt Portugal neutral. In Lissabons Hafen hoffen viele Juden auf eine Flucht in die USA.

1949 Portugal wird Gründungsmitglied der NATO.

1959 Eröffnung der Metro in Lissabon

1961 Beginn der portugiesischen Kolonialkriege in Afrika

1968 Salazar erleidet einen Schlaganfall. Zwei Jahre vor seinem Tod löst Marcelo Caetano ihn ab. Im Militär formiert sich eine Opposition.

1974 Nelkenrevolution („Revolução dos Cravos") in Lissabon am 25. April. Die Bevölkerung steckt den Soldaten rote Nelken in die Gewehrläufe, die Männer tragen Nelken im Knopfloch, um die Diktatur symbolisch zu verabschieden. Der „Estado Novo" geht damit zu Ende.

1975 Nach der Unabhängigkeit der Kolonien kommt es zu einer Fluchtwelle aus Angola und Mosambik nach Lissabon und Umgebung.

1976–1987 Bis 1987 lösen elf Regierungen einander ab.

1985–1995 Der „Cavaquismo", die nach dem rechtsliberalen Politiker Aníbal Cavaco Silva (PDS) benannten Reformen, trägt zu einer Sanierung der Wirtschaft bei.

1986 Portugal wird EU-Mitglied.

1988 Großbrand im Viertel Chiado und Wiederaufbau bis 1999

1995 Lissabon wird Kulturhauptstadt Europas.

1998 Die 17 km lange Autobahnbrücke Vasco da Gama und das Ausstellungsgelände Parque das Nações entstehen anlässlich der Weltausstellung.

2000 Staatspräsident Jorge Sampaio gibt Macao an China zurück.

2004 Premierminister José Manuel Barroso tritt zurück und wird Präsident der EU-Kommission in Brüssel.

2005/2006 Die Sozialisten scheitern an Sparpaket-Abstimmungen. 2006 wird Aníbal Cavaco Silva wieder Staatspräsident.

2011 Als Antwort auf die Wirtschafts- und Finanzkrise und die anhaltende Rezession erhält Portugal von EU und IWF ein Hilfspaket in Höhe von 78 Mrd. €. Pedro Passos Coelho wird Premierminister. Der Fado wird UNESCO-Weltkulturerbe.

2012/2013 Restaurierung der Praça do Comércio. Eine neue Uferpromenade entsteht an der Av. da Ribeira das Naus.

2014/2015 Portugal verlässt den Euro-Rettungsschirm, die Regierung fährt einen harten Sparkurs.

2015 António da Costa, der bisherige Bürgermeister von Lissabon, wird Premierminister.

2016 Das Handelsdefizit des Landes sinkt, Deutschland ist nach Spanien zweitwichtigster Handelspartner. Die Alfama wird für Touristen immer mehr herausgeputzt.

Leben in der Stadt

In Lissabon leben viele Immigranten aus den ehemaligen portugiesischen Kolonien und deren Nachfahren. Touristen kommen daher in den Genuss, gute Livemusik, z. B. aus Brasilien und den Kapverden, zu hören und neben der portugiesischen Küche Gerichte aus anderen Teilen der Erde probieren zu können. Im Sommer füllen sich die Strände in der Nähe der Tejomündung. Lissabon und Umgebung bieten eine hohe Lebensqualität.

25 % der portugiesischen Bevölkerung lebt in der portugiesischen Hauptstadt. Der Kreis *(distrito)* Lissabon grenzt Richtung Atlantik an Oei-

▷ *Seit der Finanzkrise sitzen am Rossio* ❻ *wieder Schuhputzer*

ras und im Norden an Loures und Odivelas und ist in 53 Gemeinden aufgeteilt. Politische Entscheidungen treffen der Stadtrat *(Câmara Municipal)* und der Gemeinderat.

Als Hauptstadt ist Lissabon **Sitz des portugiesischen Parlaments**, das im Palácio de São Bento [S20] tagt. Es wird alle vier Jahre gewählt, der Präsident alle fünf Jahre. Die Regierung führt der Premierminister.

Zugpferd für ganz Portugal

Lissabon ist **Sitz einiger EU-Institutionen**, etwa der Europäischen Agentur für die Sicherheit des Seeverkehrs. Ein bedeutender Wirtschaftsfaktor ist der Seehafen. Zwei **Containerterminals** liegen an den Docks von Alcântara und Santa Apolónia. Hier legen auch häufig große Kreuzfahrtschiffe an. Privatjachten finden zudem an den Docas de Santo Amaro [M24], in Belém und in Bom Sucesso Anlegeplätze.

Neben der Hochschule von Coimbra zählt die **bereits 1288 in Lissabon gegründete Universität** zu den wichtigsten in Portugal. Der naturwissenschaftlichen Fakultät gehört die Sternwarte und auch das Hospital de Santa Maria. Neben den staatlichen gibt es zahlreiche private Hochschulen sowie eine deutsche Schule.

Ein Drittel des portugiesischen Bruttoinlandsprodukts wird in Lissabon erwirtschaftet, vorwiegend im Dienstleistungssektor. 1994 war Lissabon europäische Kulturhauptstadt. Zur Weltausstellung 1998 entstand im Parque das Nações **40** ein neues Viertel mit futuristischer Architektur.

Der zweifelhafte Charme der vielen verfallenen Häuser in der Innenstadt hat seine Wurzeln schon vor den Zeiten der Finanzkrise. Diktator Salazar fror in den 1930er-Jahren

029|b Abb.: ps

die Mieten ein. Seither ließ die Inflation die Mieteinnahmen so gering werden, dass viele Hauseigentümer **kein Geld für Renovierungen** haben. Mitte der 1980er-Jahre kam es zu einer Gesetzesänderung, aber bis heute leben alteingesessene Bewohner mit alten Mietverträgen in Wohnungen, die dringend modernisiert werden müssten. Sie können sich einen Umzug oder eine teurere Miete nicht leisten, während die Vermieter keine Einnahmen haben. Enteignete Immobilien und Grundstücke wurden nach der Nelkenrevolution von 1974 an die früheren Besitzer zurückgegeben, liquides Vermögen hingegen nicht.

Aufgeschlossen und mobil

José aus Porto hat in Lissabon Design studiert. Er hofft auf einen Berufseinstieg in der portugiesischen Hauptstadt, findet die Leute hier aber hektisch und weniger kommunikativ als in seiner Heimatstadt im Norden. Die Krise macht es auch in Lissabon schwerer als zuvor, überhaupt einen

Arbeitsplatz zu finden. José hat nicht genug Geld für Cocktailbars, Wein oder um auswärts essen zu gehen. Trotzdem zieht er oft mit Freunden durch die Bars am Cais do Sodré und im Bairro Alto. Hier klingt die Musik bis draußen auf die Gassen und fast jeden Abend wird gefeiert. Um mitzuhalten, spricht José meist gleichaltrige Touristen an. „Ich zeige ihnen Bars, wo gute Livemusik gespielt wird oder wo sie auch nach der Sperrstunde um 2 Uhr noch etwas trinken können. Dafür bezahlen sie meine Getränke."

Angesichts der multikulturellen Bevölkerung und Gesellschaftsunterschiede ist es nicht leicht, **den typischen „Lisboeta"** zu beschreiben. Touristen gegenüber sind die meisten Leute sehr freundlich. Viele können zumindest etwas Englisch, Ältere tendenziell eher Französisch. Spanisch wird verstanden, aber nicht gern gesprochen. Die historischen Konflikte mit dem expansionsfreudigen Nachbarland, aus dem einem jahrhundertealten Sprichwort zufolge nichts als schlechte Winde und schlechte Ehen zu erwarten sind, scheinen nicht völlig vergessen zu sein.

Viele **Angehörige der Lissabonner Oberschicht** haben Vorfahren, die im Zeitalter der Entdeckungsfahrten zum Dank für ihre Dienste **zu Adeligen erhoben** wurden. Ihre Besitztümer bekamen sie nach der Salazar-Diktatur zurück und heute pendeln sie von Lissabon aus zu ihren Ländereien im Alentejo, ihren Häusern am Meer oder in Sintra.

Weniger gut situierte „Lisboetas" wohnen bevorzugt im Umland und am anderen Tejo-Ufer, weil dort die Mieten günstiger sind. Sie pendeln täglich mit den öffentlichen Verkehrsmitteln in die Hauptstadt. Nicht nur zur Arbeit sind die Bewohner der Tejo-Metropole häufig unterwegs. Freizeit- und Kulturangebote locken an die stadtnahen Strände an der Costa da Caparica und in das magische Dreieck der Städte Estoril, Cascais und Sintra (s. S. 50).

030lb Abb.: ps

Der Zé Povinho – eine Volkskarikatur

Eine Figur, die fast jeder Bewohner der portugiesischen Hauptstadt kennt, ist der „Zé Povinho". Dieser **„Sepp aus dem einfachen Volk"** trat erstmals 1875 in einer Satirezeitung auf. Der **Karikaturist Rafael Bordalo Pinheiro** stellte einen dummen Bauern dar, der von der Steuererhöhung eines schamlosen Finanzministers ausgebeutet wird. Politische Satire und ein scharfsinniger Blick für menschliche Schwächen prägten die Zeichnungen und Keramiken Bordalos. Seine Figur Zé Povinho steht bis heute für derben Humor und gilt längst nicht mehr nur im einfachen Volk als Identifikationsfigur. Er steckt voller gegensätzlicher Eigenschaften, von eifrig, gutgläubig und gastfreundlich bis zu vernascht und träge. Wenn es darauf ankommt, hat er eine scharfe Zunge und setzt sich über alles hinweg. Ganz anders als oft im wirklichen Leben. Vielleicht ist er gerade deshalb so beliebt.

Saudade und Fado

Saudade ist eine vielzitierte Seite der portugiesischen Volksseele. Das Wort steht für tiefe Melancholie, Wehmut und Sehnsucht. Diese Gefühle werden in Lissabon vor allem in der Musik intensiv gelebt. Ausdruck des **kollektiv zelebrierten Hangs zur Schwermut** ist der im 19. Jh. entstandene Fado, seit 2011 immaterielles UNESCO-Welterbe.

079lb Abb.: ps

Als kulturell hochwertig und emotional mitreißend galten die leidenschaftlichen Gesänge aus Lissabon aber nicht zu allen Zeiten. Der Fado drücke den Status der sentimentalen Minderwertigkeit aus, in die das Land seit langen Jahren gesunken sei und aus der man ausbrechen müsse. Er sei eine Krankheit, die das Land daran hindere, das moderne Leben einer zivilisierten Nation zu führen, schrieb der portugiesische Schriftsteller António Arroio (1856–1934) im Jahr 1909.

Der Fado – wörtlich übersetzt **„trauriges Schicksal"** – entstand in düsteren Hafenvierteln und Armenquartieren wie Alfama und Mouraria. Damals sangen hier Prostituierte für Seeleute, Zuhälter und Bohemiens über Sehnsucht, Armut, Alltagsleid, verlorene Liebe, aber auch über die Schönheit ihrer Stadt. Lange Zeit

◁ *Diese Angler erschüttert so schnell nichts: frischer Fang am anderen Tejo-Ufer*

△ *Mit Leidenschaft und Hingabe gibt diese Sängerin auf der Straße Fado zum Besten*

war Fado verpönt, der „Aufschrei der Seele" gehörte in die Unterwelt und wer jemanden *Fadista* (Fado-Sänger) nannte, meinte es beleidigend.

Kritik an politischen Missständen verschwand während der Diktatur aus den Fado-Texten. Notgedrungen thematisierten Fado-Sänger unter Salazar ausschließlich das Lebensgefühl. In Coimbra machten die Studenten den Fado zu ihrer Musik.

Die **legendäre Amália Rodrigues** (1920–1999) gilt als „Stimme und Seele des Fado". Sie machte das portugiesische Volkslied auch international bekannt. Amália hatte neun Geschwister und ersang sich schon im Alter von vier Jahren die ersten Münzen. Die in Armut geborene Autodidaktin schaffte den Aufstieg zur international gefeierten Fado-Ikone. Sie sang in Rio und in Mexiko, tourte durch die Sowjetunion und trat in Tokio auf. François Mitterand überreichte ihr 1990 in Paris den Orden der französischen Ehrenlegion. Seit 2001 ruht Amália im Panteão Nacional ❶❼. Damit sie nicht wie üblich erst vier Jahre nach ihrem Tod in dieser ruhmreichen Stätte beerdigt werden konnte, änderten die Portugiesen sogar ein Gesetz.

Heute ist Fado nicht nur gesellschaftsfähig, sondern regelrecht in. Immer mehr junge Portugiesen erträumen sich eine Karriere als Fado-Musiker. Dank der **Fado-Tradition in Familie und Gesellschaft** sind viele *Lisboetas* selbst hervorragende Musiker mit einem unvorstellbaren autodidaktischen Eifer – und bei Fado-Konzerten zugleich passionierte und tolerante Zuhörer. Es kann durchaus passieren, dass ein wartender Taxifahrer vor dem Fado-Museum spontan einen selbst erfundenen Fado anstimmt. Im Anschluss an die *Festas*

Populares, bis zu vier Wochen nach dem Stadtfest des heiligen Antonius am 12. Juni, treten die *Fadistas* der Viertel auch auf kleinen Bühnen in den Gassen der Viertel Alfama, Santa Engrácia und da Bica auf. Bei diesen sozialen Ereignissen mischen sich alle Schichten.

Fado-Kenner und Interpreten pflegen ihre eigene Szene aus halbprivaten Klubs und *Tertúlias* (gemeinsamen Treffen). Auch nach ihren offiziellen Auftritten kommen sie zusammen, um zu improvisieren. Gastmusiker, etwa aus Mexiko oder Kolumbien, lassen exotische Elemente in den Fado einfließen.

Unter den **um die 150 musikalischen Grundstrukturen des Fado** gibt es schnelle und langsame, extatisch traurige, aber auch naive, fröhliche und satirische. Eine zwölfseitige *guitarra portuguesa* und eine klassische Gitarre begleiten in der Regel eine Sängerin oder einen Sänger. Noch wichtiger als eine gute Stimme ist die authentische Ausstrahlung. Während des Auftritts herrscht im Publikum stets andächtiges Schweigen.

Fußball und Volksheilige

Fußball ist für viele *Lisboetas* so etwas wie **eine zweite Religion.** Lernt man sich kennen, wird als Erstes gefragt, für welchen Fußballverein man ist: Benfica oder Sporting, Rot-Weiß oder Grün-Weiß? Manchmal scheint es, es sei erblich, welchem der beiden Lager man angehört. Sporting

▷ *Altar für den Schutzheiligen Santo António in der Alfama*

▷ *Soziales Leben: im Clube de Futebol gemeinsam Fußball gucken*

hat bis heute das Image, versnobter zu sein, denn sein Gründer José Alvalade war adelig und steckte 1906 das gesamte Vermögen seines Großvaters in den Verein. Benfica hingegen gründeten 1904 Schüler einer Realschule. Der Verein, heute einer der größten der Welt, litt lange Zeit unter finanziellen Engpässen. In den 1960er-Jahren wurde er dank des Starspielers Eusébio berühmt. Die beiden größten Fußballklubs besitzen heute Abteilungen für zahlreiche andere Sportarten von Basketball bis Radsport, aber nur der Fußball bestimmt die Gespräche der Lissabonner so sehr wie das Wetter.

Mindestens denselben Stellenwert wie ihre Fußballlegende hat **Santo António, der portugiesische Schutzheilige.** Nicht nur in der Alfama gehört seine kleine Statue auf das Fensterbrett all jener, die sich frisches Eheglück wünschen. Als Franziskanermönch soll der Heilige einer mittellosen Braut einst zur Mitgift verholfen haben. Heute glauben viele, er helfe auch bei der Suche nach dem richtigen Partner. Jedes Jahr zum **An-**

toniustag am 12. Juni spendiert die Stadt 20 Lissabonner Paaren an der Armutsgrenze die Hochzeit. Ob Jung oder Alt, die Heiligenverehrung reicht von tiefer Religiosität bis zu humorvollem Aberglauben.

Eine Pilgerstätte der Hoffnung ist für viele *Lisboetas* die **Statue des Arztes José Tomás de Sousa Martins** (1843–1897) auf einem Hügel oberhalb des Ascensor do Lavra. Sie befindet sich auf dem Platz Campo dos Mártires da Pátria [V18] unmittelbar vor der medizinischen Fakultät. Hierher bringen die Lissabonner Kerzen, Blumensträuße, Votivtafeln mit Fotos und Danksagungen. Der Tuberkulose-Arzt behandelte auch die Armen, die ihn nicht bezahlen konnten. Er war Wissenschaftler mit Herz, nicht besonders gläubig und ganz sicher kein Wunderheiler. Am Ende fiel er selbst der Krankheit zum Opfer, der er sein Lebenswerk gewidmet hatte. Nach seinem Tod wurde er so etwas wie ein Volksheiliger. Bis heute erbitten zahlreiche Menschen am Fuße seiner Statue die Heilung ihrer Angehörigen oder ihrer eigenen Leiden.

Im Spiegel der Krise

Seit dem EU-Beitritt 1986 folgten in Portugal ein Modernisierungsschub und einige vergleichsweise fette Jahre, doch die globale Finanzkrise machte den Staat neben Griechenland und Spanien zu den **Sorgenkindern der EU.** Die sprunghaft von 11 auf 16,5 % gestiegene Arbeitslosigkeit und das Staatsdefizit, das 2011 ein EU-Darlehen von 78 Mrd. Euro erforderte, um den Staatsbankrott zu verhindern, hinterließen auch in der Hauptstadt ihre Spuren.

Lissabon war seither oft Schauplatz von **Großdemonstrationen.** Das Volk und die Gewerkschaften protestierten gegen Gehaltskürzungen, Steuererhöhungen und den Wegfall sozialer Leistungen. In Massen ging die „**Verlorene Generation**" *(geração à rasca)* der arbeitslosen 20- bis 30-Jährigen auf die Straße. Berufsgruppen wie Taxifahrer, Pflegekräfte und Beamte der öffentlichen Verkehrsbetriebe traten in Generalstreik.

Staatspräsident Cavaco Silvá und Premierminister Pedro Passos Coelho griffen zu **drastischen Sparmaßnahmen,** nachdem Portugal 2013 den Euro-Rettungsschirm verließ. Gleichzeitig verarmen immer mehr Angehörige der Mittelschicht, sind überschuldet und können ihre Eigentumswohnungen oder Mieten nicht mehr bezahlen. Mehrmals zwang das portugiesische Verfassungsgericht die Mitte-Rechts-Regierung, ihre Sparpläne zu revidieren. Rentner, Arbeitslose, Behinderte und Studenten zählen zu den Verlierern, Angestellte bekommen weniger Lohn und die Steuern steigen. Secondhandläden und Tauschbörsen florieren, Gold zu verkaufen, bleibt eine Option. Viele Menschen sind langzeitarbeitslos und viele kümmern sich mehr um Familienangehörige oder engagieren sich ehrenamtlich für soziale Organisationen wie Refood, die in Restaurants übrig gebliebene Lebensmittel abholen und an Bedürftige verteilen. Inzwischen ist die Lage wieder ein wenig besser. Deutschland zählt zu den wichtigsten Handelspartnern. Hoffnungsträger für die Wirtschaft sind das VW-Werk Auto-Europa vor den Toren Lissabons und der Tourismus.

Das Kabinett des Premierministers **Passos Coelho** wurde am 10. Oktober 2015 gestürzt, nur elf Tage nach den Parlamentswahlen für die Amtszeit bis 2019. Der Missmut über seine Sparmaßnahmen führte zu einem Misstrauensvotum und am 26. November wurde Lissabons früherer Bürgermeister **António Costa** (Sozialistischen Partei) sein Nachfolger.

Portugals Kluft zwischen Arm und Reich fällt in der Hauptstadt besonders auf, aber in den vergangenen fünf Jahren hat sich in Lisssabon viel bewegt: Auf der Praça do Comércio ❶ wichen die letzten Ministerien **schicken Bars und Terrassenrestaurants.** Die Vertretungen der Touristeninformation (s. S. 115) sind modern und in großzügigen Räumlichkeiten untergebracht. Vom Repräsentierplatz der Hauptstadt Richtung Cais do Sodré entstand auf früherem Marinegelände eine **Flaniermeile** [U22] mit Treppen zum Fluss, Wiesen, Snackbars und Kiosken. Die Markthallen in Campo de Ourique und am Cais do Sodré (s. S. 86) wurden in moderne Foodcourts verwandelt. Die Anleger für Kreuzfahrtschiffe wurden ausgebaut. Für Besucher macht sich Lissabon schön. Und die Bewohner lassen sich die Stimmung nicht vermiesen. Man rückt enger zusammen, hilft sich untereinander und feiert jedes Jahr fröhlich die alten Feste.

PRAKTISCHE REISETIPPS

An- und Rückreise

Mit dem Flugzeug

TAP Portugal fliegt Lissabon z. B. von Düsseldorf, Frankfurt, Hamburg, München, Zürich und Genf an. Viele weitere Fluggesellschaften wie Air Berlin, German Wings, Lufthansa, Swiss und Austrian Airlines fliegen nach Lissabon. Internationale Flüge landen und starten in der Regel vom Terminal 1, Easy Jet und Ryanair von Terminal 2. Zwischen den Terminals fährt alle 10 Minuten ein kostenloser Shuttlebus und es gibt eine Busverbindung zum/vom Cais do Sodré [U22]. Infos rund um den Flughafen **Aeroporto da Portela** (Aeroporto de Lisboa) gibt es unter www.ana.pt.

Der Flughafen liegt 7 km vom Stadtzentrum entfernt. Eine Taxifahrt ins Zentrum sollte nicht mehr als 10 bis 15 € kosten. Seit 2012 verbindet die **rote Metrolinie** den Flughafen mit der Station Saldanha (Dauer 21 Min., tgl. 6.30–1 Uhr, Einzelticket 1,40 € plus obligatorische wiederaufladbare Metrokarte 7 Colinas/Viva Viagem 0,50 €, s. S. 128). Mehrere Flughafenbuslinien fahren in die Stadt, z. B. Bus 208 zum Cais do Sodré und Bus 744 bis Marquês de Pombal (Einzelfahrt 1,80 €, beim Busfahrer erhältlich).

Zudem gibt es zwei **Aerobus-Linien**: Linie 1 zum Cais do Sodré und Linie 2 zur Av. José Malhoa (Sul): Einzelfahrt 3,50 €, Hin- und Rückfahrt 5,50 €.

Mit dem Bus, Zug oder Schiff

Wer mit dem **Bus** nach Lissabon anreist, benötigt von Deutschland aus rund 35 Std. Die strapaziöse Reise mit Nachtfahrten und Umsteigen ist heute nicht mehr unbedingt billiger als ein Flug. Sinnvoll sind Busreisen eher als preiswerte Pauschalreisen mit auf Busreisen spezialisierten Reiseveranstaltern in Kombination mit anderen Zielen in Spanien und Portugal (z. B. www.buswelt.de). Oder man bucht einen Last-Minute-Flug nach Faro an der Algarve und gelangt von dort mit dem Bus nach Lissabon.

055lb Abb.: ps

Mit dem **Zug** fährt man von Deutschland aus nach Paris und weiter mit dem „Südexpress" über Bordeaux nach Lissabon. Aus Österreich und der Schweiz gelangt man über Straßburg oder Saarbrücken und dann durch Frankreich, Nordspanien und Nordportugal in die Stadt am Tejo. Im Zentrum von Lissabon kommen die Züge am **Bahnhof Santa Apolónia** [Z20] an.

Lissabon ist ein beliebtes Ziel vieler **Kreuzfahrten** (z. B. mit Aida). Die Schiffe legen in den Häfen Santa Apolónia, Alcântara und Rocha do Conda de Óbidos an.

073lb Abb.: ps

Autofahren

Mietwagen sind meist günstiger, wenn man sie im Internet oder vom Heimatort aus bucht und direkt am Flughafen übernimmt. Ein Auto bietet im Großraum Lissabon und für Ausflüge an den Atlantik und nach Sintra mehr Flexibilität. Lissabons Brücken sind mautpflichtig (1–2 € pro Strecke).

Das **Parken** ist im Zentrum außer im Parkhaus nicht einfach. Auf den Straßen der Stadt gibt es Mo.–Fr. von 8–20 Uhr und Sa. 9–14 Uhr fast nur gebührenpflichtige Parkplätze (1 Std. ca. 3 €, 2–4 Std. Höchstparkdauer). **Zentral gelegene Parkhäuser** befinden sich an den großen Plätzen Lissabons:

🅿**206** [W20] **Parkhaus Pr. da Figueira**
🅿**207** [V19] **Parkhaus Pr. dos Restauradores**
🅿**208** [U21] **Parkhaus Pr. Luís de Camões**
🅿**209** [T17] **Parkhaus Pr. Marquês de Pombal**
🅿**210** [W19] **Parkhaus Pr. Martim Moniz**

In der Stadt beträgt die **Geschwindigkeitsbegrenzung** 50 km/h, auf Landstraßen 90 bis 100 km/h, auf Autobahnen 120 km/h. Portugals blau beschilderte Autobahnen sind **mautpflichtig** (Maut = *portagem*, ca. 4 € pro 100 km).

24-Stunden-Pannenhilfe für den Großraum Lissabon leistet der **Automóvel Club de Portugal (ACP)** unter Tel. 707 509 510. Unbedingt die Leuchtweste anziehen, wenn man das Fahrzeug nach einer Panne verlässt – andernfalls zahlt man Strafen ab 120 € aufwärts.

《 *S. 111: Die Standseilbahn da Bica erleichtert den Anwohnern viele Wege*

⊲ *Das Metroticket gilt auch in den Fähren über den Tejo*

⌂ *Bahnhof Santa Apolónia am Fuß der Alfama*

Barrierefreies Reisen

Von Fahrzeugen versperrte Bürgersteige, unregelmäßiges Straßenpflaster, starke Steigungen und alte Straßenbahnen – mit Behinderungen ist die Fortbewegung in Lissabon **alles andere als einfach.** Im Zentrum senden die meisten Ampeln Lautsignale für Sehbehinderte.

Flughafentransfers für Rollstuhlfahrer, Stadtbesichtigungen und Tagestouren sowie Vermittlung behindertengerechter Hotelzimmer bietet:

> **Accessible Portugal,**
> www.accessibleportugal.com,
> Tel. 917626726

Lissabon preiswert

> *Viele **Museen** sind am 1. So. des Monats kostenlos zugänglich.*
> *Die Museen bieten **Ermäßigungen** für **Rentner und Studenten.** Für **Kinder bis 14 Jahre** ist der **Eintritt oft frei.***
> *Die **Kombitickets** der Museen machen den Museumsbesuch nicht nur preiswerter, sie verkürzen auch die Wartezeiten (z. B. in Belém s. S. 44).*
> *Getränke und Snacks gibt es günstig an den zahlreichen **Quiosques de Refresco** (s. S. 66).*
> *Dienstags und samstags kann man auf dem **Flohmarkt Feira da Ladra** (s. S. 85) Secondhandware, Antiquitäten und Kleidung oder günstige Fado-CDs erstehen.*
> ***Mittags** sind **Menüs preiswerter** als abends. In manchen kleinen Stehbars bekommt man an der Theke einfache Gerichte für 5 €. Günstig sind auch die Mittagsmenüs in den Tascas.*

Diplomatische Vertretungen

- **211** [V18] **Botschaft der Bundesrepublik Deutschland,** Campo dos Mártires da Pátria, 38, 1169–043 Lisboa, www.lissabon.diplo.de, Tel. 218810210, Mo.–Fr. 9–12 Uhr
- **212** [O22] **Botschaft der Republik Österreich,** Av. Infante Santo, 43, 4. Stock, 1399–046 Lisboa, www.aussenministerium.at/lissabon, Tel. 213943900, Mo.–Fr. 9.30–13 Uhr
- **213** [Q20] **Botschaft der Schweiz,** Tv. do Jardim, 17, 1350–185 Lisboa, www.eda.admin.ch/lisbon, Tel. 213944090, Mo.–Fr. 9–12 Uhr

Geldfragen

Portugal gehört zur **Eurozone.** Mit der **Maestro-(EC-)Karte** kann man in Lissabon an Bankautomaten (z. B. Multibanco) Geld abheben und in den meisten Geschäften und Restaurants bezahlen. Es gibt viele Möglichkeiten, in Lissabon vergleichsweise **preiswert zu essen,** z. B. in den zahlreichen *Pastelarias.* Ein kleiner Softdrink am Kiosk kostet 2,50 €. In den kleinen lokalen Restaurants der Viertel kostet ein Gericht ca. 9,80 – 12,50 €. Auch der **Museumseintritt** liegt häufig unterhalb des europäischen Durchschnitts.

Mit der **Lisboa Card** kann man die öffentlichen Verkehrsmittel gratis nutzen und hat freien Eintritt in vielen Museen und Sehenswürdigkeiten der Stadt. Zudem bietet die Karte weitere Ermäßigungen in kooperierenden Geschäften. Sie kostet für 24 Stunden für Erwachsene 18,50 € (Kinder 5–11 J. 11,50 €), für 48 Stunden 31,50 € (Kinder 17,50 €) und für 72

Stunden 39 € (Kinder 20,50 €) und ist an den Ask-me-Lisboa-Schaltern der Tourist-Infos erhältlich.

Informationsquellen

Infostellen zu Hause

Anfragen zu Lissabon und ganz Portugal aus Deutschland, Österreich und der Schweiz beantwortet:

> **Turismo de Portugal**, Zimmerstr. 56, 10117 Berlin, Tel. 030 2541060, www.turismodeportugal.pt

Infostellen in der Stadt

Die Informationsbüros (Ask me Lisboa) von **Turismo de Lisboa** in oft großzügigen Räumen mit angeschlossenem Shop bieten Kartenmaterial und Infos zu Sehenswürdigkeiten, Events und Unterkünften. Im Flughafen und im Bahnhofsgebäude Santa Apolónia handelt es sich um Infoschalter, in der Fußgängerzone Rua Augusta ❸ und in Belém stehen Informationskioske.

> ❶ 214 [W22] **Turismo de Lisboa am Pr. do Comércio**, Pátio da Galé, tgl. 9–20 Uhr

> ❶ 215 [W21] **Turismo de Lisboa in der R. Augusta**, tgl. 10–13 u. 14–18 Uhr

> ❶ 216 [U19] **Turismo de Lisboa im Palácio Foz**, Praça dos Restauradores, tgl. 9–20 Uhr

> ❶ 217 [G25] **Turismo de Lisboa in Belém**, am Hieronymus-Kloster ❸❺, Di.–Sa. 10–13 u. 14–18 Uhr

> ❶ 218 [V19] **Turismo de Lisboa in der R. Jardim do Regedor**, 50, tgl. 11–18 Uhr

> ❶ 219 [Y3] **Turismo de Lisboa in der Ankunftshalle des Flughafens**, tgl. 7–24 Uhr

> ❶ 220 [Z20] **Turismo de Lisboa im Bhf. Santa Apolónia**, Di.–Sa. 7.30–21.30 Uhr

Die Stadt im Internet

> **www.visitlisboa.com**: die Lissabon-Website des Fremdenverkehrsamts (auch auf Deutsch)

> **www.visitportugal.com**: Internetseite des portugiesischen Fremdenverkehrsamts zu Portugal, ebenfalls mit vielen Infos zu Lissabon (auch auf Deutsch)

> **www.cm-lisboa.pt**: Die Seite der Stadtverwaltung bietet u. a. einen Stadtplan und gute Infos zu aktuellen Veranstaltungen (auf Englisch).

> **www.carris.pt**: Internetpräsenz des Nahverkehrsunternehmens Carris mit Preisen, Fahr- und Netzplänen (auf Englisch)

Publikationen und Medien

Deutsche Zeitungen findet man an Zeitungskiosken in der Baixa (z. B. in der Rua Augusta ❸), in Bahnhöfen und Einkaufszentren. Auf Englisch informiert die kostenlose, von Turismo de Lisboa monatlich herausgegebene Broschüre „**Follow me Lisboa**" über Museen, Unterkünfte, praktische Adressen und Events. Internetausgabe: www.visitlisboa.com/Veroffentlichungen.aspx.

Internet und Internetcafés

WLAN ist in Lissabon weit verbreitet: in Einkaufszentren, am Flughafen, im Fährterminal Cais do Sodré, in Museen und Cafés, im Postamt und bei McDonald's, oft auch gratis. Viele Hotels stellen ihren Gästen an der Rezeption oder in der Lobby einen **internetfähigen Rechner** zur Verfügung, meist gegen Gebühr. Kostenpflichtig ist das Surfen im Internet auch bei Turismo de Lisboa an der Praça do

Meine Literaturtipps

> *Brizuela, Leopoldo:* **Nacht über Lissabon.** *Insel, 2010. Lissabon 1942 in der Nacht des britischen Ultimatums an Salazar. Flüchtlinge, Tango, Fado und Intrigen.*

> *Cardoso Pires, José:* **Lissabonner Logbuch.** *Hanser, 1997. Ein Dichter porträtiert seine Stadt.*

> *Heinemann, Ellen (Hrsg.):* **Lissabon. Ein literarisches Porträt.** *Insel Taschenbuch, 1997. Inspirierende Lissabon-Eindrücke berühmter Reisender der Geschichte.*

> *Jorge, Lídia:* **Nachricht von der anderen Seite der Straße.** *Suhrkamp, 1996. Roman über ein Frauenschicksal und die Ernüchterung nach der Nelkenrevolution.*

> *Mercier, Pascal:* **Nachtzug nach Lissabon.** *Hanser, 2004. Ein Schweizer Lateinlehrer verfolgt die Spuren eines Arztes während der Salazar-Diktatur. 2013 verfilmt.*

> *Saramago, José:* **Claraboia oder Wo das Licht einfällt,** *Hoffmann und Campe. 1953 schrieb der Nobelpreisträger den Roman, der erst 2013 erschien, über die Bewohner eines Lissabonner Mietshauses.*

> *Tabucchi, Antonio:* **Erklärt Pereira.** *Der historische Roman über Zensur und Unterdrückung im Lissabon der 1930er-Jahre wurde mit Marcello Mastroianni verfilmt.*

> *Wurster, Gaby (Hrsg.):* **Lissabon. Ein Reisebegleiter.** *Insel Taschenbuch, 2006. Lissabon-Spaziergänge mit Zitaten bekannter Autoren.*

> *Wurster, Gaby (Hrsg.):* **Lissabon. Eine literarische Einladung.** *Klaus Wagenbach, 2010. Literarische Streifzüge mit Auszügen aus Werken von über 20 Autoren.*

> *Zweig, Stefan:* **Magellan. Der Mann und seine Tat.** *Fischer, 2011. Der einfühlsame Biograf beschreibt die erste Weltumseglung des Portugiesen Magellan.*

> *Lübbe, Sascha:* **Spaziergang durch Lissabon.** *CD, 79 Min., 12,90€, www.geophon.de. Atmosphärische Hörreportagen aus Lissabon.*

☑ *In der Buchhandlung Bertrand (Rua Garrett, s. S. 90) im Chiado*

057lb Abb.: p

Comércio ❶ sowie bei Western Union an der Praça da Figueira.

Es gibt immer weniger **Internetcafés**, aber in sehr vielen Cafés und Museen gibt es WLAN und man findet viele Möglichkeiten, den eigenen Laptop oder das Tablet ans Stromnetz anzuschließen.

@221 [U20] **Web Café**, R. do Diário de Notícias, 126, Tel. 213421181, tgl. 16–2 Uhr, 2 €/Std. Beliebtes Internetcafé mit Bar im Bairro Alto.

Medizinische Versorgung

In Lissabon sollte man auf jeden Fall eine **Auslandsreisekrankenversicherung** haben. Nicht überall wird die **Europäische Versicherungskarte** (European Health Insurance Card) akzeptiert – dann muss man in Vorkasse treten und sich den Betrag zu Hause zurückerstatten lassen.

Bei Notfällen und wenn man einen Krankenwagen braucht, sollte man die **zentrale Notrufnummer 112** wählen.

Adressen deutschsprachiger Fachärzte bekommt man bei der Deutschen Botschaft (s. S. 114).

Gut sortierte **Apotheken** *(farmácia)* findet man in allen größeren Straßen der Stadt. In den Fenstern hängt auch die Adresse der Apotheke, die im jeweiligen Viertel gerade Nachtdienst hat.

Krankenhäuser mit Notfallstationen:

✚**222** [Q9] **Hospital de Santa Maria**, Av. Professor Egas Moniz, Metro: Cidade Universitária, Tel. 217805000

✚**223** [W19] **Hospital de São José**, R. José António Serrano, Metro: Martim Moniz, Tel. 218841000

Mit Kindern unterwegs

Lissabons Restaurants und Museen sind in der Regel kinderfreundlich. Zudem gibt es zahlreiche **Grünflächen und Parks mit Spielplätzen** wie den Jardim da Estrela (siehe Basílica da Estrela ㉜) und den Jardim do Príncipe Real [T19]. Vom Wasserspeicher **Reservatório da Patriarcal** ㉔ in der Mitte des Príncipe Real starten spannende Führungen durch die unterirdischen Galerien des Wasserversorgungssystems, die für die ganze Familie ein echtes Erlebnis sind. Sie enden an einem Miradouro im Bairro Alto.

Nebenan fährt die Standseilbahn **Ascensor da Glória** [U20]. Jugendlichen macht es sicher Spaß, ein Stück zu Fuß hinunterzulaufen und die **Graffiti-Ausstellung an der Calçada da Glória** [U19/20] zu erkunden. Einen Panoramablick über die Stadt bietet ein Spaziergang auf dem **Aquädukt** (s. S. 34). Familienfreundlich ist zudem ein **Ausflug mit der Fähre** nach Cacilhas an der Südseite des Tejo oder zu den **Stränden** der Costa da Caparica (s. S. 52).

Am Wochenende stehen im **Castelo de São Jorge** ⓭ oft besondere Veranstaltungen für Kinder auf dem Programm, aber auch sonst kommt Lissabons Burgruine beim Nachwuchs gut an. Im **Museu da Marioneta** (s. S. 56) gibt es manchmal **Kasperletheater**. Lissabons großes **Aquarium Oceanário de Lisboa** ㊶ besucht man mit Kindern am besten zu den Fütterungszeiten. Oder man betrachtet den **Parque das Nações** ㊵ am Tejo von der **Seilbahn** aus. Auch über **Lissabons Zoo** können große und kleine Gäste in den Gondeln einer Seilbahn schweben und die Tiere so von oben beobachten.

★ **224** [P11] **Jardim Zoológico de Lisboa,** Estrada de Benfica, 158–160, Metro: Jardim Zoológico, www.zoo.pt, Tel. 217232920, tgl. 10–18 Uhr, Eintritt inkl. Seilbahn 19,50 €, Kinder 3–11 J. 14 €

Notfälle

> **Notrufnummer:** Tel. 112
> **Apothekennotdienst:** Tel. 118
> **225** [U19] **Touristenpolizei,** Pr. dos Restauradores im Palácio Foz neben der Touristeninformation, Metro: Restauradores, Tel. 213421634. Hilfe für Touristen unter Tel. 808781212.
● **226** [a5] **Fundbüro der Polizei,** Pr. Cidade Salazar, Lote 180, EG, Metro: Olivais, Tel. 218535403, Mo.–Fr. 9–12.30 u. 14–16 Uhr
> **Fundbüro der Metro** in der Station Marquês de Pombal [T17]

Kartensperrung

Bei **Verlust der Debit-(EC-)** oder der **Kreditkarte** gibt es für Kartensperrungen eine **deutsche Zentralnummer** (unbedingt vor der Reise klären, ob die eigene Bank diesem Notrufsystem angeschlossen ist). **Aber Achtung:** Mit der telefonischen Sperrung sind die Karten zwar für die Bezahlung/Geldabhebung mit der PIN gesperrt, nicht jedoch für das **Lastschriftverfahren mit Unterschrift.** Man sollte daher den Verlust zusätzlich **bei der Polizei zur Anzeige bringen,** um gegebenenfalls auftretende Ansprüche zurückweisen zu können.

In **Österreich** und der **Schweiz** gibt es keine zentrale Sperrnummer, daher sollten sich Besitzer von in diesen Ländern ausgestellten Debit-(EC-) oder Kreditkarten vor der Abreise bei ihrem Kreditinstitut über den zuständigen Sperrnotruf informieren.

Generell sollte man sich immer die **wichtigsten Daten** wie Kartennummer und Ausstellungsdatum **separat notieren,** da diese unter Umständen abgefragt werden.

> **Deutscher Sperrnotruf:** Tel. +49 116116 oder Tel. +49 3040504050
> **Weitere Infos:** www.kartensicherheit.de, www.sperr-notruf.de

Öffnungszeiten

Lissabons **Geschäfte** haben in der Regel Mo.–Sa. 10 bzw. 11–19/20 Uhr geöffnet. Einige kleinere Läden machen 13–14.30 Uhr Mittagspause. Im Bairro Alto haben viele Geschäfte auch abends auf. Die großen **Einkaufszentren** sind täglich 10–24 Uhr geöffnet. Große **Supermärkte** (hipermercados) sind abends ebenfalls länger offen, teils bis 20, teils bis 23 Uhr. Die **Museen** haben montags geschlossen und in der Regel Di. bis So. 10 bis 18 Uhr ihre Kernöffnungszeiten. **Postämter** und **Banken** sind meist 9 bis 18 Uhr geöffnet.

Post

Lissabons **Hauptpost** liegt an der **Praça dos Restauradores.** Die Tarife und Angebote der Postämter finden sich unter www.ctt.pt. Weit verbreitet sind **Münzautomaten für Briefmarken,** die zugleich als Briefkästen dienen. Die Farbe der Post und der Briefkästen ist in Portugal nicht Gelb, sondern Rot.

✉ **227** [V19] **Hauptpost,** Pr. dos Restauradores, 58, Metro: Restauradores, Mo.–Fr. 8–22, Sa. 9–18 Uhr

▷ *Mit dem Rad am Miradouro de Santa Catarina (s. S. 90)*

Radfahren

Auf einer Strecke von 7 km haben Radler **am Tejo-Ufer,** zwischen dem Cais do Sodré und Belém, freie Fahrt bei frischer Brise. Für **Mountainbiker** eignet sich der hügelige **Monsanto-Park** [K11]. In der Nähe des Parque das Nações ❹⓿ gibt es mehrere schöne **Radwege,** die vom Torre Vasco da Gama zum Fluss Trancão führen. Lissabons Innenstadt ist wegen der zahlreichen Steigungen, Straßenbahnschienen und fehlenden Radwege nicht zum Radfahren geeignet.

❭ **Belém Bike,** www.belembike.com, Mo.–Fr. 10.30–19, Sa./So./feiertags 9.30–19 Uhr. Fahrradverleih aus einem weißen Lkw-Anhänger an der Tejo-Promenade: 30 Min. 2,50 €, weitere 30 Min. 2 und dann 1 €, ein Tag 10 €.

●**228** [V22] **Bike Iberia,** Lg. do Corpo Santo, 5, www.bikeiberia.com, Tel. 213470347, Metro: Cais do Sodré. Tipps, Mietfahrräder und geführte Radtouren in Lissabon sowie nach Cascais, Sintra und an die Costa da Caparica.

●**229** [f5] **Tejo Bike,** Esplanada Dom Carlos I, Metro: Oriente, Tel. 218919333, Mo.–Sa. 10–20 Uhr. Radverleih im Parque das Nações vor dem Aquarium (Oceanário de Lisboa) ❹❶: 1 Std. 3 €, plus 30 Min. 1 €.

Schwule und Lesben

In den Stadtvierteln Chiado und Bairro Alto sowie rund um die Praça Príncipe Real finden Schwule und Lesben etliche Ausgehmöglichkeiten.

Infos sind erhältlich bei der **Opus Gay Association** und auf der **Internetseite www.portugalgay.pt.** Lissabons schwul-lesbische Parade **Arraial Pride** (www.portugalpride.org) wird jedes Jahr Ende Juni gefeiert. Alljähr-

lich im September findet das **Filmfestival Queer Lisboa** (www.queerlisboa.pt) statt.

❶**230** [V14] **Opus Gay Association,** R. Ilha Terceira, 34, 2. Stock, www.opusgay.org, Tel. 962400017

❼**231** [T19] **Anarca,** R. Cecílio de Sousa, tgl. 20–2 Uhr. Bei Schwulen beliebte Bar am Jardim do Príncipe Real.

❼**232** [T20] **Finalmente Club,** R. da Palmeira, 38, www.finalmenteclub.com, tgl. 22–6 Uhr. Kleine Schwulenbar mit Disco und Dragshows, am vollsten gegen 2.30 Uhr.

❭ **Portas Largas** (s. S. 78). Größte, in der Gayszene beliebte Location für Livemusik im Bairro Alto.

❼**233** [U21] **Sétimo Céu,** Tv. da Espera, 54A, Mo.–Do. 22–2, Fr./Sa. 21–3 Uhr. Schwulenfreundliche Bar mitten im Bairro Alto.

060lb Abb.: ps

Sicherheit

Wie in jeder Großstadt ist auch in Lissabon Vorsicht angebracht, aber Angst zu haben braucht man nicht. In der Metro, den Bussen, der Tram 28 und auf dem Flohmarkt Feira da Ladra (s. S. 85) kommt es gelegentlich zu **Diebstählen,** aber Raubüberfälle sind selten. Gegenden wie das ehemalige Prostituiertenviertel am Cais do Sodré und die Mouraria sind längst nicht mehr so gefährlich wie noch vor einigen Jahren, aber dennoch ist es ratsam, einsame Straßen oder Parks im Dunkeln zu meiden. Wie überall gilt: **Wertgegenstände** nicht im Auto oder am Strand liegen lassen.

Adressen der Polizei und Notrufnummern siehe unter Notfälle.

Sprache

Die *Lisboetas* sprechen ein schnelles, für ein nordeuropäisches Gehör im Vergleich zum Brasilianischen schwer verständliches Portugiesisch. In Restaurants und Hotels kann man sich problemlos auf **Englisch** verständigen. Die meisten jungen Portugiesen können Englisch, ältere tendenziell eher **Französisch.** Hilfreich sind die Sprachhilfe (s. S. 132) und der kulinarische Wortschatz (s. S. 63) in diesem Buch.

Stadttouren

Turismo de Lisboa organisiert keine Stadtführungen oder Ausflüge. Dafür gibt es zahlreiche **private Anbieter** (Preise ca. 15–35 € je Führung). Die meisten Stadtführungen starten an der Praça do Comércio ❶ oder am Rossio ❻. **Literarische Führungen,** etwa auf den Spuren von Fernando Pessoa, bieten die Sprachschulen Kosmus (www.kosmus.com) und Luaverde (www.luaverde.com) der Deutschen Simone Klein an. Man kann sich über das Internet anmelden oder anrufen, um Termine oder Treffpunkte auszumachen. Die Anbieter sind in der Regel flexibel.

Wer nicht so gut zu Fuß ist, kann Lissabon auch vom **Doppeldeckerbus** aus besichtigen (z. B. Tagus Tour, 24 Std. gültig, Erw. 16 €, Kinder 8 €, http://lisboncitytours.rezgo.com).

△ *Sightseeingbus an der Praça Marquês de Pombal*

▷ *Empfehlenswert: Ausflüge mit der Fähre oder Booten*

Günstiger als die Colinas-Tour mit den roten Straßenbahnwagen (Erw. 19 €, Kinder 9,50 €) ist die Fahrt mit der **historischen Tram 28** oder mit der **Tram 12**, die jeweils um den Burgberg fahren. In beiden Trams gilt das Metroticket.

Lissabon lässt sich außerdem im Rahmen einer **Segway-Tour** (www.lis bonbysegway.com, R. dos douradores, 16, Tel. 210965030) erkunden. Bei den Aussichtspunkten angelangt, geht es in **Gocars**, dreirädrigen Elektroautos, weiter. Sie sind mit GPS-Gerät ausgestattet und bieten zwei Personen Platz. Auf Deutsch gibt es Infos zu den Sehenswürdigkeiten.

Anbieter thematischer Stadtrundgänge sind zum Beispiel:

> **Lisbonne Âme & Secrets**, www.lisbonne-ame-secrets.com, Tel. 963967967. Französischsprachige Führungen (3,5 Std.) durch die Viertel Alfama und Graça sowie durch die Mouraria und die Unterstadt.

> **Lisboa Autêntica**, www.lisboaautentica.com/de, Tel. 913221790. Dreistündige Thementouren mit sehr sympathischen Stadtführern aus Lissabon. Neben einer Tour zu den wichtigsten Sehenswürdigkeiten gibt es auf Wunsch auch individuelle Touren (auch auf Deutsch).

> **Lisbon Spirit**, www.lisbon-spirit.pt, Tel. 911786954. Große Auswahl an englischsprachigen Touren Mo.–Do. u. Sa. jeweils um 10 und 14 Uhr (So. nur um 10 Uhr), aber auch individuelle Termine möglich.

> **Lisbon Walker**, www.lisbonwalker.com, Tel. 218861840. Bietet eine Tour durch das Lissabon der Entdecker, durch die Alfama und eine Einsteigertour zu den wichtigsten Sehenswürdigkeiten der Stadt. Alle lohnen sich und sind sehr informativ. Standardsprache Englisch. Führungen auf Deutsch vorab reservieren.

EXTRATIPP

Bootsfahrten auf dem Tejo

Unter http://cruzeirostejo.com gibt es Informationen zu Hop-on-hop-off-Kreuzfahrten auf dem Tejo, die von April bis Oktober angeboten werden.

> **Tour: Terreiro do Paço/Cacilhas/ Belém/Terreiro do Paço,** 19 €, Kinder 4–10 J. 9,50 € (Ticket 24 Std. gültig), Abfahrt um 11, 12.30, 15/16.30, 18 Uhr. Die Tour mit Audioguide (deutsch) dauert 1,5 Std., wenn man nicht unterwegs aussteigt.

> Am preiswertesten sind die **Fahrten mit den Fähren des Lissabonner Metronetzes** (s. S. 128). Sie fahren vom Terreiro do Paço nach Montijo und Barreiro, vom Cais do Sodré nach Calcilhas (20 Min., von hier Busse zum Cristo Rei, s. S. 91, und an die Costa Caparica, s. S. 52) und Seixal. Von Belém gibt es Fähren nach Porto Brandão and Trafaria.

061lb Abb.: ps

Telefonieren

Für Telefonate aus Deutschland, Österreich und der Schweiz nach **Portugal** wählt man die **Vorwahl 00351**, die **Ortsvorwahl für Lissabon (21)** ist fester Bestandteil der Telefonnummer. Von Portugal nach Deutschland 0049, nach Österreich 0043 und in die Schweiz 0041. Lange **Ferngespräche** führt man preiswert entweder mit einer **Telefonkarte** aus der Telefonzelle (erhältlich am Kiosk oder bei der Post) oder per Skype aus einem Internetcafé bzw. vom eigenen Handy oder PC. Münztelefone gibt es kaum noch. Die Hotels nehmen für Telefonate hohe Preise. Wer innerhalb von Portugal viel mobil telefonieren möchte, verwendet am besten eine örtliche SIM-Karte. Mitte 2015 beschloss das EU-Parlament, die **Roaming-Gebühren** bis Ende 2017 abzuschaffen. Für eingehende Anrufe sind sie derzeit gesetzlich auf 0,05 € pro Minute begrenzt. Die Obergrenze liegt bei 50 € im Monat, am besten erkundigt man sich vor der Reise bei seinem Telefonanbieter. Teuer ist das Surfen im Internet mit dem Handy. Die Nummer der **Telefonauskunft** in Portugal lautet **118**.

Uhrzeit

Das ganze Jahr über besteht zwischen Portugal und Mitteleuropa, also Deutschland, Österreich und der Schweiz, **eine Stunde Zeitdifferenz.** In Portugal ist es eine Stunde früher, d. h. man stellt die Uhr bei der Einreise eine Stunde zurück.

▷ *Schwarzes Brett im Flur des Hostels Alface*

Unterkunft

In Lissabon gibt es **über 300 Hotels und Pensionen** – für jeden Geldbeutel ist das Passende dabei.

Apartments und **Ferienwohnungen** sind eine häufig preiswerte Übernachtungsvariante. Viele **Hostels** sind gesellige Unterkünfte für junge Gäste. Neben Bar oder Café bieten viele auch ein Kulturprogramm sowie eine begrenzte Anzahl günstiger Doppelzimmer.

Praktisch, in schönem Ambiente und zentral wohnt man im **Chiado** und in der **Baixa**. Die meisten modernen und eleganten Hotels konzentrieren sich entlang der Avenida da Liberdade **26** und rund um die Avenidas Novas (s. S. 36). Viele **gehobene Hotels** besitzen Dachterrassen, die eine tolle Aussicht über die Stadt bieten, während Pools eher eine luxuriöse Ausnahme sind.

Über die folgenden **Onlineportale** lassen sich Unterkünfte vorab buchen:

❯ www.friendlyrentals.com/de/ wohnungen/lisboa
❯ www.9flats.com/de/ lissabon
❯ www.visitlisboa.com
❯ www.booking.com
❯ www.venere.com
❯ www.airbnb.com

Preiskategorien

€	bis 80 €
€€	80–160 €
€€€	160–250 €

Die Preiskategorien gelten für ein Doppelzimmer mit Frühstück.

Unterkunftstipps

Günstig

🏠**234** [U20] **Alface** €, R. do Norte, 96, Metro: Baixa-Chiado, www.alfacebair roaltohostel.com, Tel. 213433293. Das trendige **Boutiquehostel im Bairro Alto** (einst Sitz einer Zeitungsredaktion), gegenüber vom Miradouro de São Pedro de Alcântara, besitzt DZ, Schlafsäle und eine Küche mit Kühlschrank für Selbstversorger. Im EG gibt es ein Bar-Café und im Hinterhof ein Restaurant mit Terrasse.

🏠**235** [Y14] **Apartment Baldaques** €€, R. dos Baldaques, 9, Metro: Arroios, Tel. 919067444. Geschmackvoll und modern eingerichtete, 60 m² große Ferienwohnung für 1–4 Personen im 2. Stock eines Wohnhauses mit schönem Vorgarten. Klimaanlage, TV, Geschirrspüler, Waschmaschine, Bettwäsche, WLAN, eine **herrliche Aussicht über die Dächer der Stadt** – hier kann man sich wie zu Hause fühlen. Der sympathische Vermieter spricht gut Englisch und gibt seinen Gästen gern Tipps zu Lissabon oder dem besten Bäcker um die Ecke.

🏠**236** [S16] **Hotel Miraparque** €, Av. Sidónio Pais, 12, Metro: Marquês de Pombal, www.miraparque.com, Tel. 213524286. Solides Hotel mit 96 Zimmern und **Sicht auf den Parque Eduardo VII.** Relativ zentral zwischen Av. da Liberdade u. Gulbenkian-Stiftung, preislich in Ordnung. WLAN gratis, Bar in der Lobby.

🏠**237** [V20] **Lisbon Destination Hostel** €, Lg. do Duque de Cadaval, 17, Metro: Rossio, www.lisbon.destinationhostels. com, Tel. 213466457. Das Hostel liegt **zentral und praktisch** im 2. Stock des Bahnhofs Rossio. Die Zimmer für 2–6 Personen umgeben auf 2 Etagen ein helles Atrium. Internet, Kaffee und Tee gratis. Bar, Events und Ausstellungen.

🏠**238** [S18] **Lisbon Dreams Guesthouse** €, Rua Rodrigo da Fonseca, 29, Metro: Rato, Tel. 213872393, www.

lisbondreamsguesthouse.com. Sehr hübsche DZ und EZ mit Gemeinschaftsbädern auf zwei Etagen eines Altbaus mit Salon, Küche und zwei Innenhöfen. **Ambiente wie in einem Boutiquehotel** und sehr gutes Frühstück. Es wird auch ein Appartment vermietet.

🏠**239** [W21] **Lisbon Lounge Hostel** €, R. de São Nicolau, 41, Metro: Terreiro do Paço, www.lisbonloungehostel.com, Tel. 213462061. Auf 3 Stockwerken bietet dieses Hostel 9 Zimmer mit 2–8 Betten. **Küche zum selbst Kochen,** Lounge auf jeder Etage, Internet gratis. TV in den Doppelzimmern. Es werden auch Fahrräder vermietet.

🏠**240** [V19] **Lisbon Story Guesthouse** €€, Lg. de São Domingos, 18, Metro: Rossio, www.lisbonstoryguesthouse.com, Tel. 218879392. 2 Apartments für 4 Personen und **farbenfroh dekorierte Zimmer,** z. B. im Ethno-, Fado- oder Tejo-Look. Mit schuhfreier Lounge, kostenlosem Tee, Kaffee und WLAN sowie Küchenbenutzung. Frühstück inbegriffen.

🏠**241** [W20] **Lisboa Tejo Hotel** €, R. dos Condes de Monsanto, 2, Metro: Rossio, www.lisboatejohotel.com, Tel. 218866182. Das 3-Sterne-Hotel mit der blauen Fassade **mitten in der Unterstadt** bietet 58 einfache Zimmer mit Schreibtisch, Bad und TV.

063ib Abb.: ps

242 [V21] **Living Lounge Hostel** €, R. do Crucifixo, 116, Metro: Baixa-Chiado, www.livingloungehostel.com, Tel. 213461078. Liegt in einem Altbau mit geräumigen Zimmern und bietet neben Schlafsälen **14 DZ mit Werken portugiesischer Künstler.**

243 [T16] **Pousada de Juventude de Lisboa** €, R. Andrade Corvo, 46, Metro: Picoas, www.pousadasjuventude.pt, Tel. 213532696. Wer in der **Jugendherberge mit 31 Zimmern** (4–6 Betten) übernachten möchte, braucht einen internationalen Jugendherbergsausweis. Es gibt 1 behindertengerechtes Zimmer und 12 DZ, mit Kantine und Frühstück.

244 [U19] **Suisso Atlântico** €, R. da Glória, 9, Metro: Restauradores, www.turim-hotels.com, Tel. 213400270. Das 2-Sterne-Hotel in einem Altbau bietet einfache Zimmer mit Bad und eine **zentrale Lage.** Vor der Haustür fährt der Ascensor da Glória.

245 [U20] **The Independente Hostel and Suites** €€, R. São Pedro de Alcântara, 81, Metro: Restauradores, www.theindependente.pt, Tel. 213461381. 3 Brüder, selbst passionierte Traveller, führen das Hostel mit 90 Betten in 11 großen Zimmern **in einem Altbau mit Stuck an der Decke.** Es gibt eine Bar, ein Restaurant und einen Biergarten. Internet gratis.

246 [W21] **Traveller's House** €€, R. Augusta, 89, Metro: Terreiro do Paço, www.travellershouse.com, Tel. 210115922. Das Hostel im 1. Stock eines Altbaus aus dem 18. Jh. mit Fachwerk und Azulejos wurde bereits **mehrmals von Hostelworld als bestes Hostel der Welt ausgezeichnet.** Es hat 10 Zimmer, darunter 4 DZ mit eigenem Bad. Internet gratis, hübscher TV- und Gemeinschaftsraum, Küche und Waschservice. Fast jeden Abend vom Hostel organisierte kulturelle Events.

Mittelklasse

247 [Q13] **Açores Lisboa Hotel** €€€, Av. Columbano Bordalo Pinheiro, Lote 1833, Metro: Pr. de Espanha, http://hotel-acores-lisboa.lisbon-hotel.net, Tel. 217222920. Das moderne 4-Sterne-Hotel in der Nähe der Gulbenkian-Stiftung gehört einer Unternehmensgruppe von den Azoren. Im Frühstücksraum und den 128 komfortablen Zimmern hängen Makroaufnahmen von Vulkankratern der Azoren. Von den oberen Stockwerken hat man einen weiten **Blick über die Stadt,** u. a. zum Aquädukt. Am Wochenende Ermäßigungen bei Onlinebuchung. Kinderfreundlicher und sympathischer Service, kostenlose Parkplätze.

248 [X18] **Albergaria Senhora do Monte** €€, Cç. do Monte, 39, Tram 28 bis Graça, www.albergariasenhoradomonte.com/en, Tel. 218866002. Die Pension mit 28 behaglichen Zimmern bietet eine tolle Aussicht. Das Frühstück gibt es bei schönem Wetter in der **Panoramabar auf der Dachterrasse.** Online manchmal Rabatte buchbar.

249 [T17] **Aviz** €€, R. D. de Palmela, 32, Metro: Marquês de Pombal, www.

Exquisit: das Panorama von der Terrasse des Hotel Mundial (s. S. 125) hotelavizlisbon.com/de/index.html, Tel. 210402000. **Frank Sinatra, Ava Gardner, Maria Callas, Marcello Mastroianni, Amália Rodrigues und Calouste Gulbenkian gehörten einst zu den Gästen** – nach ihnen sind heute die Suiten benannt. Das komfortable Haus in einer Seitenstraße der Av. da Liberdade hat 70 schlicht-elegante Zimmer und ein renommiertes Restaurant.

🏨**250** [V21] **Borges** €€, R. Garrett, 108, Metro: Baixa-Chiado, www.hotelborges. com, Tel. 210456400. Das zentral im Chiado gelegene 4-Sterne-Hotel hat **96 geräumige Zimmer mit großen Fenstern** und bietet auch Sonderpakete an.

🏨**251** [U18] **Britania** €€-€€€, R. Rodrigues Sampaio, 17, Metro: Avenida, www. heritage.pt, Tel. 213155016. **Charmantes Art-déco-Hotel mit nur 30 Zimmern**, von dem Architekten Cassiano Branco errichtet und größtenteils originalgetreu erhalten, so z. B. die Fußböden aus Kork. Es verströmt bis heute das Flair der 1940er-Jahre. Online oder über Reisebüros sind Zimmer oft auch zu erschwinglichen Preisen zu bekommen.

🏨**252** [T20] **Casa das Janelas com Vista** €, R. Nova do Loureiro, 35, Metro: Restauradores, www.casadasjanelascomvista. com, Tel. 213429110. Die sympathische Pension im Bairro Alto hat **individuell eingerichtete Zimmer**, 1 Gemeinschaftsküche und 1 Wohnzimmer.

🏨**253** [U19] **Heritage Av. Liberdade** €€, Av. da Liberdade, 28, Metro: Restauradores, www.heritage.pt, Tel. 213404040. Das Boutiquehotel der Heritage-Gruppe hat 40 helle, **geräumige Zimmer in einem renovierten Stadtpalast aus dem 16. Jh.** Türen mit Eisenbeschlägen und pombalinische Kacheln fungieren als historische Elemente.

🏨**254** [V21] **Hotel do Chiado** €€, R. Nova do Almada, 114, Metro: Baixa-Chiado, www.hoteldochiado.com, Tel. 213256100. Das 4-Sterne-Hotel auf 2

Stockwerken ist **farbenfroh eingerichtet** und verfügt auch über Familienzimmer. Die Bar im 7. Stock (tgl. 12–23 Uhr) bietet einen herrlichen Ausblick. Drinnen stehen gemütliche, rote Sofas. Ideal, um sich mit einem Drink auf eine lange Nacht einzustimmen.

🏨**255** [W20] **Hotel Mundial** €€, Pr. Martim Moniz, 2, Metro: Martim Moniz u. Rossio, www.hotel-mundial.pt, Tel. 218842000. Zentraler kann man nicht wohnen. Das 4-Sterne-Hotel wurde 1958 eröffnet, immer wieder modernisiert und erweitert und nimmt inzwischen die komplette Stirnseite des Platzes Martim Moniz ein. Es hat 350 Zimmer, eine **Dachterrasse mit herrlicher Aussicht** und das schicke Panoramarestaurant Varanda de Lisboa. Online gibt es immer wieder Sonderangebote.

🏨**256** [W20] **Hotel Portugal** €€, R. João das Regras, 4, Metro: Martim Moniz u. Rossio, www.hotelportugal.com, Tel. 218842120. Blau-Weiß, Kachelkunst, Stuckdecken und ein Flatscreen-TV in einem großen Spiegel prägen die 53 individuell von der Innenarchitektin Cristina Santos Silva dekorierten 53 Zimmer, während sich die Rezeption in goldenen Glanz hüllt. Frühstück gibt es auf der Terrasse im Innenhof. **Schöne zentrale Lage** zwischen Hotel Mundial und Pr. Figueras.

🏨**257** [U17] **Inspira Santa Marta Hotel** €€-€€€, R. de Santa Marta, 48, Metro: Marquês de Pombal, www. inspirahotels.com, Tel. 210440900. **Feng-Shui und ökologische Nachhaltigkeitskriterien** prägen das 2010 eröffnete 4-Sterne-Hotel mit 89 Zimmern und Spa nahe der Av. da Liberdade, das sich zu Recht als „urban retreat", städtische Oase, bezeichnet.

🏨**258** [V15] **Neya Lisboa Hotel** €€, R. D. Estefânia, 71–77, Metro: Saldanha, www.neyahotels.com, Tel. 213101800. **Das 4-Sterne-Hotel in Laufnähe zum Goethe-Institut hat 76 Zimmer, darun-**

ter 5 Suiten, und ein kleines Spa. Es wird nach ökologischen Kriterien geführt. Neben der Rezeption gibt es eine Bar und im Hotelrestaurant Viva Lisboa direkt nebenan kann man die mediterrane Küche aus frischen Produkten der Saison genießen (12–22 Uhr).

Gehoben

259 [U20] **9Hotel Mercy** €€€, R. da Misericórdia, 76, Metro: Baixa-Chiado, www. le9hotel.com, Tel. 212481480. Das Viersternehotel mit schicken, modern gestalteten und komfortablen Zimmern trumpft mit seiner **Toplage zwischen Bairro Alto und Chiado** und modernem Schick auf. Ab und zu günstige Angebote.

260 [Q22] **As Janelas Verdes** €€€, R. das Janelas Verdes, 47, Tram 15E bis Santos, www.asjanelasverdes.com, Tel. 213968143. In diesem Gebäude aus dem 18. Jh. soll früher der Schriftsteller Eça de Queirós gewohnt und sich Inspiration für das Fantasiehaus „Ramalhete" in seinem Roman „Die Maias" geholt haben. Heute ist es ein **romantisches Boutiquehotel** mit 29 Zimmern, viel historischem Flair und einem idyllischen Garten.

261 [U21] **Bairro Alto Hotel** €€€, Pr. Luís de Camões, 2, Metro: Baixa-Chiado, www.bairroaltohotel.com, Tel. 213408288. **Luxuriöses Boutiquehotel,** dessen Dachterrasse der Café-Bar BA (tgl. 12.30–22, im Sommer bis 24 Uhr) ein fantastisches Panorama bietet.

262 [U15] **Fontana Park Hotel** €€€, R. Engenheiro Vieira da Silva, 2, Metro: Saldanha, http://doubletree3.hilton. com, Tel. 210410600. Die Architektin Nini Andrade Silva aus Madeira gestaltete das **4-Sterne-Designhotel mit 139 komfortablen Zimmern in einer früheren Schlosserei.**

263 [U18] **Lisboa Plaza** €€, Tv. Salitre, 7, Metro: Avenida, www.lisbonplazahotel. com, Tel. 213218218. Das Boutiquehotel in einer Seitenstraße der Av. da

Liberdade ist ein **traumhaftes, verwinkeltes Haus** mit 91 Zimmern. Die erstaunliche Verbindung aus gediegenen, antiken Möbeln und traditionellen Materialien mit modernem Komfort (Marmorbäder) schuf die portugiesische Innenarchitektin Graça Viterbo. Schöne Dachterrasse und erholsames, ruhiges Ambiente in zentraler Lage.

264 [X21] **Memmo** €€, Travessa Merceeiras, 27, Tram 28, Metro: Santa Apolónia, Tel. 210495660. Das 4-Sterne-Boutique-Hotel mit 42 Zimmern ist zeitgenössisch eingerichtet und lädt zum **Wohlfühlen in bester Lage** in der Alfama ein. Es hat einen Salon und eine riesige Terrasse mit Weinbar und Pool und herrlichem Blick auf den Tejo. Eine Fassade mit Wandmalerei gestaltete der junge Künstler Alexandre Farto.

265 [g1] **Myriad** €€€, R. dos Cais das Naus, Lote 2.21.01, Metro: Oriente, www.myriad.pt, Tel. 211107600. Das luxuriöseste 5-Sterne-Hotel der Sana-Gruppe im Parque das Nações ist mit 140 m Höhe und einem futuristischen Turm auch nur für den **Ausblick über den Tejo** eine Attraktion. Ein hippes Design, 186 Zimmer und Suiten, Konferenzräume, ein Wellnesscenter mit Sauna und Hamam und ganz oben ein Panoramarestaurant gehören zur Ausstattung.

266 [P22] **Olissipo Lapa Palace** €€€, R. do Pau de Bandeira, 4, Tram 15E bis Alcântara, www.olissippohotels.com, Tel. 213182797. Das 5-Sterne-Hotel der Olissippo-Gruppe mit 109 Suiten **zählt zu den luxuriösesten Hotels des Landes.** Garten, Pool, türkisches Bad, alte, handbemalte Azulejos und höchster Komfort.

267 [X21] **Palacete Chafariz d'El Rei** €€€, Tv. Chafariz de El-Rei, 6, Metro: Santa Apolónia, www.chafarizdelrei.com, Tel. 218886150. **Sechs Suiten in einem authentisch restaurierten Adelspalast aus dem 19. Jh.** in der Alfama. Tejo-Sicht

und Terrasse, Kronleuchter und Jugend-
stilfenster, Stuckdecken in hohen,
weitläufigen Räumen, Kunst an den
Wänden – bezaubernd und exklusiv.

🏛**268** [X20] **Palácio Belmonte** €€€, Páteo
de Dom Fradique, 14, Tram 28 u. 12 bis
Largo Portas do Sol, www.palaciobel
monte.com, Tel. 218816600. Der französische Unternehmer Frederic Coustols
hat diesen **Palast neben der Burg**, einem
der Drehorte von Wim Wenders „Lisbon
Story", in eine Luxusherberge verwandeln lassen. Das Haus ist ein Traum, es
wurde im Mittelalter auf der maurischen
Stadtmauer errichtet und hat heute 10
individuell eingerichtete Suiten zwischen
30 und 160 m² Größe. Starke Farben wie
kräftiges Grün und Blau und strahlend
weiße Wände passen gut zu den Stein-
fußböden und alten Azulejo-Bildern. Im
Garten gibt es einen kleinen Pool. Tipp:
Im Cultural Club Café, an dem man auf
dem Weg zu Lissabons Burg vorbei-
kommt, sind auch Nichtgäste willkom-
men (Mo.–Sa. 10–19 Uhr).

🏛**269** [K23] **Pestana Palace** €€€, R. Jau, 54,
Tram 15E oder 18E bis Santo Amaro,
www.pestana.com, Tel. 213615600.
Das 5-Sterne-Hotel ist **Mitglied der Lea-
ding Hotels of the World**. Der prachtvolle
Palast aus dem 19. Jh. und seine Gartenanlage sind Nationaldenkmal. 173 luxuriöse Zimmer in einem modernen Anbau
des Palasts und 2 Schwimmbäder.

🏛**270** [X20] **Solar do Castelo** €€€, R. das
Cozinhas, 2, Tram 28 u. 12 bis Largo
Portas do Sol, www.solardocastelo.
com, Tel. 218806050. Eingeweihte
bezeichnen das Hotel der Heritage-
Gruppe als „Küchenschlösschen", weil
sich hier früher die Küchen des Königspalasts befanden. Das Haus erstreckt
sich auf zwei Etagen mit **Dachgeschoss
in der Festungsmauer** und verfügt über
einen schönen Innenhof mit Garten
und 14 Zimmer. Romantischer Ort mit
Tejo-Panorama.

072lb Abb.: ps

🏛**271** [T18] **Tivoli Lisboa** €€, Av. da
Liberdade, 185, Metro: Avenida, www.
tivolihotels.com, Tel. 213198900. Das
5-Sterne-Tagungshotel mit 306 Zimmern hat ein Spa und einen runden
Outdoorpool. Ab und zu gibt es online
Sonderangebote und es ist auch bei
Reiseveranstaltern günstig buchbar. Von
den gemütlichen Sofas und Barhockern
der auf dem Dach gelegenen Sky Bar
(Mai–Okt. tgl. 17–1 Uhr, Sa./So. 11–16
Uhr Brunch) kann man ganz Lissabon
überblicken.

🏛**272** [R22] **York House** €€€, R. das Janelas
Verdes, 32, Cascais-Linie bis San-
tos, www.yorkhouselisboa.com, Tel.
213962435. Über eine Treppe gelangt
man in den lauschigen Innenhof des
Hotels **im ehemaligen Kloster der Barfüßigen Karmeliterinnen** aus dem 16. Jh.
Hier wird im Sommer abends für die
Gäste gegrillt. Die 32 Zimmer entlang der
dunklen Flure bieten modernen Komfort
in traditioneller Architektur mit Arkaden,
Kacheln, Stein- oder Holzfußböden.

🔼 *Residieren im Stil der Belle Époque
in der Baixa*

Verhaltenstipps

In Lissabon sprechen die Leute mit Touristen **lieber Englisch oder Französisch als Spanisch**, wobei Englisch vor allem bei jungen Portugiesen weiter verbreitet ist als Französisch. Ein spanisches *gracias* kommt nicht gut an. Frauen bedanken sich auf Portugiesisch mit *obrigada,* Männer mit *obrigado.*

An **Bus- und Straßenbahnhaltestellen** wartet man in der Schlange – Drängeln gilt als sehr unhöflich.

Wenn in einem **Restaurant** Fado gesungen wird, verstummen die Gespräche. Unterhaltungen gelten als grob unhöflich gegenüber den Musikern. In besseren Restaurants werden die Gäste an ihren Platz geführt – so lange wartet man am Eingang.

Verkehrsmittel

Allgemeines, Tickets und Preise

Straßenbahnen, Busse und Aufzüge betreibt das staatliche Verkehrsunternehmen **Carris**, für die U-Bahn ist die Gesellschaft **Metropolitano de Lisboa** zuständig.

In allen Verkehrsmitteln und auch auf den Fähren gelten die elektronischen Guthabenkarten **7 Colinas** bzw. **Viva Viagem Zapping**. Sie haben einen aufladbaren Speicherchip und man zahlt beim Ersterwerb 0,50 € für die Karte. Danach werden sie mit mindestens 2 € aufgeladen. Der höchste Aufladebetrag liegt bei 15 €. Kaufen und aufladen kann man sie an den Automaten und Schaltern in den U-Bahnstationen. Die Automaten lassen sich auf Englisch umstellen; davor stehen auch häufig hilfsbereite Mitarbeiter. Eine **Einzelfahrt**

mit Umsteigen innerhalb einer Stunde kostet 1,40 € (Tarif Viagem Carris Metro). Der Betrag wird vor dem Betreten des Bahnsteigs beim Durchqueren des Drehkreuzes von der Karte abgezogen.

Löst man hingegen ein **Einzelticket** beim Busfahrer, so kostet dies 1,80 € und in der Straßenbahn 2,85 €. Dies ist also teurer als die Bezahlung mit der Guthabenkarte.

Alternativ kann man ein **24-Stundenticket** für 6 € erwerben, das allerdings nicht für die Fähren gilt. Die **Lisboa Card** (Preise s. S. 114) bietet freie Fahrt mit allen Verkehrsmitteln, inklusive der Fähren.

Metro, Fähre und Bus

Am schnellsten kommt man mit der **Metro** von A nach B. Sie fährt täglich von 6.30 bis 1 Uhr. Infos rund um die Lissabonner U-Bahn erhält man unter www.metrolisboa.pt. Oft schmücken schöne Kachelbilder die Stationen und es ist leicht, sich zurechtzufinden, denn alles ist gut ausgeschildert. Es gibt **vier Linien**, die mit Farben und Symbolen gekennzeichnet sind: *amarela* (gelb, Sonnenblume), *azul* (blau, Möwe), *verde* (grün, Schiff) und *vermelha* (rot, Kompass). Mit dem Ticket oder der Karte passiert man die Zugangssperren. Ticketschalter und Automaten gibt es an jeder Station.

Die **Fähren** *(barcas)* des Unternehmens Soflusa & Transtejo starten von den drei Fähranlegern Cais do Sodré, Terreiro do Paço und Belém. Es gelten die Tickets Viva Card und 7 Colinas, Option Zapping. Weitere Infos sind unter www.transtejo.pt abrufbar. Unter dem Menüpunkt „Turismo" findet man auch verschiedene **Flusskreuzfahrten** auf dem Tejo (s. S. 121).

Im Stadtgebiet fahren von 5.30 bis 0.30 Uhr **rund 100 Buslinien**. Einzeltickets sind direkt beim Fahrer erhältlich (siehe unter Allgemeines, Tickets und Preise). Von 6–20 Uhr wartet man in der Regel nur 10 Minuten an einer Bushaltestelle, bis 24 Uhr verlängert sich die Wartezeit auf etwa 20 Minuten. An Sonn- und Feiertagen fahren die Busse weniger häufig. **Nachtbusse** (*ônibus da madrugada* oder *noturno*) verkehren zwischen 0.30 und 5.30 Uhr. Über das Busnetz, das Nachtbusnetz *(mapa da rede nocturna)*, die Haltestellen und die Fahrzeiten einzelner Linien und Nachtbusse informiert die Homepage der Betreibergesellschaft Carris www.transporteslisboa.pt.

Aufzüge und Standseilbahnen

Lissabons **Aufzüge** *(elevador)* und **Standseilbahnen** *(teleférico* oder *funicular)* gelten seit 2002 als nationale Denkmäler. Sie werden wie die Straßenbahnen von der Carris betrieben. Eine Hin- und Rückfahrt mit dem **Aufzug Elevador de Santa Justa** ❺ kostet 5 €. Die drei weiteren Aufzüge – der **Ascensor da Glória** [U20], der **Ascensor da Bica** [U21] und der **Ascensor do Lavra** [V19] – sind technisch gesehen Standseilbahnen. Hier kostet eine Hin- und Rückfahrt 3,60 €.

Straßenbahn

Die berühmteste der fünf Straßenbahnlinien *(eléctrico)* ist **Linie 28**. Sie fährt zwischen Campo Ourique (Friedhof Prazeres) und dem Stadtviertel Graça Lissabons wichtigste Sehenswürdigkeiten ab. Oft ist sie sehr voll, daher kann man auf dem Weg in die Alfama, zur Kathedrale Sé ⓬ oder zum Castelo de São Jorge ⓭ auch

◿ *Auf ins Bairro Alto: mit der Standseilbahn Ascensor da Glória* an der Praça da Figueira **8** in die **Tram 12** einsteigen, die den Burgberg umrundet.

Die Bahnen fahren in der Regel alle zehn Minuten. Entweder man kauft das Ticket direkt beim Fahrer oder man entwertet die bereits gekaufte elektronische Guthabenkarte an den Lesegeräten (siehe unter Allgemeines, Tickets und Preise).

Die Carris bietet auch **touristische Fahrten**, z.B. nach Belém, an. Für diese **roten Straßenbahnen** sind die regulären Tickets nicht gültig.

Zug

Mit den **Vorortzügen** kommt man alle 20 bis 30 Minuten an die Küstenorte und nach Sintra. Die **Cascais-Linie** *(Linha de Cascais,* Fahrtzeit 40 Min., Express 30 Min., einfache Fahrt 1,85 €) fährt ab Cais do Sodré und hält an den Orten entlang des Tejo, in Estoril und zum Schluss in Cascais.

Nach Sintra kommt man vom Bahnhof Rossio mit der **Sintra-Linie** *(Linha de Sintra).* Einsteigen kann man z.B. auch in Entrecampos oder Sete Rios (Jardim Zoológico). Fahrtzeit ca. 40 Min., einfache Fahrt 1,85 €.

Taxi

Montag bis Freitag gilt tagsüber **Tarif 1** (Grundgebühr 2 €, 0,45 € pro km). Zwischen 21 und 6 Uhr, samstags, sonntags und an Feiertagen gilt **Tarif 2** (Grundgebühr 2,50 €, 0,54 € pro km). Man sollte darauf achten, dass die Fahrer Grundgebühr und Tarif am Taxameter richtig einstellen. Es darf nur ein Gepäckzuschlag je Fahrzeug berechnet werden und nicht ein Zuschlag pro Gepäckstück.

> **Rádio Táxis de Lisboa,**
>   Tel. 218119000
> **Teletáxis,** Tel. 218111100
> **Antlitur,** Tel. 218122796

Wetter und Reisezeit

Eine Reise nach Lissabon lohnt zu jeder Jahreszeit. **Mai und Juni** sind noch nicht zu heiß und es lockt das Stadtfest des heiligen Antonius. Im **August** ist es in der Stadt sehr heiß. Im **Winter** bewegen sich die Temperaturen meist um 10–15 °C, unter 0 °C sinken sie nie. Im **Dezember** lockt das Weihnachtsshopping bei farbenfroher Beleuchtung.

Durchschnitt	**Wetter in Lissabon**											
Maximale Temperatur	15°	16°	18°	19°	22°	25°	27°	28°	26°	22°	18°	15°
Minimale Temperatur	8°	9°	10°	11°	13°	15°	17°	17°	17°	14°	11°	7°
Regentage	15	14	13	12	9	5	2	2	6	11	13	14
	Jan	Febr	März	Apr	Mai	Juni	Juli	Aug	Sept	Okt	Nov	Dez

ANHANG

Kleine Sprachhilfe Portugiesisch

Wichtige portugiesische Vokabeln und Redewendungen speziell für den typischen Reisealltag findet man im Kauderwelsch-Sprachführer „Portugiesisch – Wort für Wort" des REISE KNOW-HOW Verlags.

Wichtige Floskeln und Redewendungen

sim	ja
não	nein
(se) faz favor, ...	Bitte ... (um etwas bitten)
Por favor!	Bitte! (auffordern)
De nada!	Keine Ursache!
Obrigado/a.	Danke.
Bom dia!	Guten Tag!
Boa tarde!	Guten Nachmittag!
Boa noite!	Gute Nacht!
Boa viagem!	Gute Reise!
Bem-vindo!	Herzlich willkommen!
Como estas?	Wie gehts?
Vou bem, obrigado/a.	Danke, gut.
Mais ou menos./vai-se andando.	So la la.
Até à próxima!	Auf Wiedersehen!
Olá! – Tchau!	Hallo! – Tschüss!
Até outra vez!	Bis zum nächsten Mal!
O. k.!	In Ordnung!
Eu não sei.	Ich weiß nicht.
Bom apetite.	Guten Appetit.
Saúde!	Auf uns(er Wohl)!
A conta, por favor!	Die Rechnung, bitte!
Desculpe!	Entschuldigung!
Lamento muito!	Ich bedaure es sehr!
Esqueça isso!	Schon gut!
Ajude-me, por favor!	Helfen Sie mir bitte!

Zahlen

0	zero	7	sete	
1	um, uma	8	oito	
2	dois, duas	9	nove	
3	três	10	dez	
4	quatro	50	cinquenta	
5	cinco	100	cem	
6	seis	200	duzentos/-as	

+++ **Die wichtigsten Wörter mit dem Bonus-Audiotrack des Kauderwelsch-**

Fragewörter

onde?	wo?
(o) que?	was?
aonde?	wohin?
com quê?	womit?
donde?	woher?
com quem?	mit wem?
porquê?	warum?
quando?	wann?
para que?	wofür?
qual?	welche(-r/-s)?

Zeitangaben

segunda-feira	Montag
terça-feira	Dienstag
quarta-feira	Mittwoch
quinta-feira	Donnerstag
sexta-feira	Freitag
sábado	Samstag
domingo	Sonntag
hoje	heute
amanhã	morgen
diariamente	täglich

Die wichtigsten Fragen

Há ...?	Gibt es ...?
Ainda há ...?	Gibt es noch ...?
Eu procuro ..	Ich suche ...
Eu preciso de ...	Ich brauche ...
(Por favor) queria ...	Ich hätte gerne ...
Onde posso comprar ...?	Wo kann man ... kaufen?
Quanto custa ...	Wie viel kostet ...
O que é isso?	Was ist das hier?
Quero ir a ...	Ich möchte nach ... gehen/fahren.
Quanto custa viagem a ...?	Wie viel kostet die Fahrt nach ...?
Por favor, leve-me a ...	Bitte bringen Sie mich zu/nach ...
Quero telefonar.	Ich möchte telefonieren.
Preciso de ajuda!	Ich brauche Hilfe!
Este lugar está ocupado?	Ist dieser Platz besetzt?
Onde é a casa de banho?	Wo ist das WC?
A que hora sai a camioneta para ...?	Wann fährt der Bus nach ... ab?
Este é o comboio que vai para ...?	Ist das der Zug nach ...?

Ortsangaben

à esquerda	(nach) links
à direita	(nach) rechts
em frente	geradeaus
para trás	zurück
em frente de	gegenüber
ao lado de	neben
diante de	vor
atrás de	hinter
longe	weit
perto	nah
aqui	hier

lá	dort
para cá	hierher
para lá	dorthin
fora du cidade	außerhalb
no centro	im Zentrum
cruzamento	Kreuzung
ao fundo	am Ende
esquina	Ecke
semáforo	Ampel
em direcção a	in Richtung
largo	(kleiner) Platz

Register

Die Autorin

Petra Sparrer arbeitet als Journalistin, Verlagslektorin und Übersetzerin im eigenen Redaktionsbüro in Köln. Für diesen CityTrip erkundete sie wochenlang jeden Winkel der Tejo-Metropole. Sie genoss besonders das Wetter, das Nachtleben, die Aussicht von den Miradouros und das Fotografieren, u.a. bei der Tall-Ships-Regatta von einem Schlauchboot auf dem Tejo aus. Für den REISE KNOW-HOW Verlag schrieb sie weitere Reiseführer, darunter den CityTrip Porto.

Danksagung

Für die Unterstützung bei der Recherche bedankt sich Petra Sparrer bei Lina Leite, Pura Comm (München), Maria José Capitão, Lusanova, Margarida Oliveira, den Fadistas Manuel Marçal und Matilde Cid, Pedro de Castro, Doris Palito Schneider, GCE (Frankfurt), Filipa Gonçalvez und Vitor Carriço von Turismo de Lisboa, Filipe de Avelar, Álvaro Ferreira de Passos, Luis Cardoso de Menezes, Pedro Lemos und Nelson de Castro.

Schreiben Sie uns

Dieses Buch ist gespickt mit Adressen, Preisen, Tipps und Daten. Unsere Autoren recherchieren unentwegt und erstellen alle zwei Jahre eine komplette Aktualisierung, aber auf die Mithilfe von Reisenden können sie nicht verzichten. Darum: Teilen Sie uns bitte mit, was sich geändert hat oder was Sie neu entdeckt haben. Gut verwertbare Informationen belohnt der Verlag mit einem Sprachführer Ihrer Wahl aus der Reihe „Kauderwelsch".

Kommentare übermitteln Sie am einfachsten, indem Sie die Web-App zum Buch aufrufen (siehe Umschlag hinten) und die Kommentarfunktion bei den einzelnen auf der Karte angezeigten Örtlichkeiten oder den Link zu generellen Kommentaren nutzen.

Wenn sich Ihre Informationen auf eine konkrete Stelle im Buch beziehen, würde die Seitenangabe uns die Arbeit sehr erleichtern. Unsere Kontaktdaten entnehmen Sie bitte dem Impressum.

Impressum

Petra Sparrer

CityTrip Lissabon

© REISE KNOW-HOW Verlag
  Peter Rump GmbH 2013, 2015
**3., neu bearbeitete und
  komplett aktualisierte Auflage 2016**

Alle Rechte vorbehalten.

ISBN 978-3-8317-2785-8
PRINTED IN GERMANY

Druck und Bindung:
  Media-Print, Paderborn

Herausgeber: Klaus Werner
Layout: amundo media GmbH (Umschlag, Inhalt),
  Peter Rump (Umschlag)
Lektorat: amundo media GmbH
Karten: Ingenieurbüro B. Spachmüller,
  amundo media GmbH
Anzeigenvertrieb: KV Kommunalverlag GmbH &
  Co. KG, Alte Landstraße 23, 85521 Ottobrunn,
  Tel. 089 928096-0, info@kommunal-verlag.de
Kontakt: Osnabrücker Str. 79, 33649 Bielefeld,
  info@reise-know-how.de

Alle Angaben in diesem Buch sind gewissenhaft geprüft. Preise, Öffnungszeiten usw. können sich jedoch schnell ändern. Für eventuelle Fehler übernehmen Verlag wie Autorin keine Haftung.

Bildnachweis

Umschlagvorderseite: Fotolia.com © Jose Ignacio Soto | Umschlagklappe rechts: Petra Sparrer
Soweit ihre Namen nicht vollständig am Bild vermerkt sind, stehen die Kürzel an den Abbildungen für die folgenden
Fotografen, Firmen und Einrichtungen. Petra Sparrer: ps | Jan Gerbach: jg | Fotolia.com: fo

Das komplette Programm zum Reisen und Entdecken von
REISE KNOW-HOW

- **Reiseführer** – alle praktischen Reisetipps von kompetenten Landeskennern

- **CityTrip** – kompakte Informationen für Städtekurztrips

- **CityTrip^{PLUS}** – umfangreiche Informationen für ausgedehnte Städtetouren

- **InselTrip** – kompakte Informationen für den Kurztrip auf beliebte Urlaubsinseln

- **Wohnmobil-Tourguides** – alle praktischen Reisetipps für Wohnmobil-Reisende

- **Wanderführer** – exakte Tourenbeschreibungen mit Karten und Anforderungsprofilen

- **KulturSchock** – Orientierungshilfe im Reisealltag

- **Kauderwelsch Sprachführer** – vermitteln schnell und einfach die Landessprache

- **Kauderwelsch plus** – Sprachführer mit umfangreichem Wörterbuch

- **world mapping project™** – aktuelle Landkarten, wasserfest und unzerreißbar

- **Edition REISE KNOW-HOW** – Geschichten, Reportagen und Abenteuerberichte

Lissabon mit PC, Smartphone & Co.

QR-Code auf dem Umschlag scannen
oder **www.reise-know-how.de/citytrip/
lissabon16** eingeben und die **kostenlose
Web-App** aufrufen (Internetverbindung zur
Nutzung nötig)!

★**Anzeige der Lage und Satellitenansicht
aller** beschriebenen Sehenswürdigkeiten
und touristisch wichtigen Orte
★**Routenführung** vom aktuellen Standort
zum gewünschten Ziel
★**Exakter Verlauf** des empfohlenen
Stadtspaziergangs
★**Audiotrainer** der wichtigsten Wörter
und Redewendungen
★**Updates** nach Redaktionsschluss

GPS-Daten zum Download
Auf der Produktseite dieses Titels unter www.reise-know-how.de stehen die GPS-Daten
aller Ortsmarken als KML-Dateien zum Download zur Verfügung.

Stadtplan für mobile Geräte
Um den Stadtplan auf Smartphones und Tablets nutzen zu können, empfehlen wir die App
„PDF Maps" der Firma Avenza™. Der Stadtplan wird aus der App heraus geladen und kann
dann mit vielen Zusatzfunktionen genutzt werden.

Unsere App-Empfehlungen zu Lissabon

❯ **Metro LX:** detaillierte Informationen zur Benutzung der U-Bahn in Lissabon, mit aktuel-
lem Metroplan, Fahrplänen, Routenplaner, Wegbeschreibung vom Standort zur nächsten
Station etc. (Deutsch wählbar, kostenlos für Android und iOS)
❯ **Centro Cultural de Belém:** Die offizielle App des Kulturzentrums Belém (CCB, s. S. 82)
zeigt das aktuelle Veranstaltungsprogramm, eine Preisübersicht und bietet auch einen
Ticketservice (kostenlos für Android und iOS).
❯ **You go Lisboa:** Die Lissabon-App bietet aktuelle touristische Informationen zu
Sehenswürdigkeiten und einen Kalender zu kulturellen Veranstaltungen in der Stadt
(Englisch, kostenlos für Android und iOS).
❯ **Eat out:** Englische Restaurantführer-App mit Gutscheinsystem für Lissabon: So findet
man schnell das passende Restaurant in der Nähe des Standorts (kostenlos für Android
und iOS).

Liste der Karteneinträge

Hier nicht aufgeführte Nummern liegen außerhalb der abgebildeten Karten. Ihre Lage kann aber wie die von allen Ortsmarken im Buch mithilfe der Web-App angezeigt werden (s. S. 139).

Zeichenerklärung

🔴	Hauptsehenswürdigkeit
[V20]	Verweis auf Planquadrat
➕ ✚	Arzt, Apotheke, Krankenhaus
⭕	Bar, Tanzbar
🏨	Bed and Breakfast, Pension
⭕	Café, Eiscafé
🏛	Denkmal
⬤	Fischrestaurant
†	Friedhof
🖼	Galerie
🛍	Geschäft, Kaufhaus, Markt
🏨	Hotel, Unterkunft
⭕	Imbiss
ⓘ	Informationsstelle
@	Internetcafé
🛏	Jugendherberge, Hostel
⇨	Kirche
M	Metrostation
🏛	Museum
⭕	Musikszene, Disco, Klub, Fado
🅿	Parkhaus
🚨	Polizei
✉	Postamt
🍽	Restaurant
★	Sehenswertes
●	Sonstiges
✡	Synagoge
⭕🎭	Theater, Oper
⭕	Vegetarisches Restaurant
🎐	Windmühle
⭕	Weinbar

⬭	Shoppingareal
⬭	Gastro- und Nightlife-Areal
───	Stadtspaziergang (s. S. 13)
───	Tramlinie